dtv

Die Anker sind gelichtet. Mit diesem Lesebuch geht es auf große Fahrt über alle Weltmeere, geleitet und begleitet von Prosatexten und Gedichten großer Autoren vom 19. Jahrhundert bis in die Gegenwart. Oft ist das Schiff auf See der Schauplatz der spannenden und heiteren Geschichten. Für viele Passagiere ist bereits der Weg das Ziel, andere lockt die Entdeckung einer unbekannten Welt. Das Meer als Ort der Freiheit, losgelöst vom Alltag, dazu grandiose Panoramen und ungewöhnliche Begegnungen: All dies kann man in dieser Anthologie erlesen und erleben mit Balzac und Virginia Woolf, mit Siegfried Lenz und Walt Whitman, mit Cees Nooteboom und Ringelnatz und vielen anderen.

Gregor Gumpert, geboren 1962, lebt in Berlin, ist Literaturwissenschaftler und neben seinen Gastprofessuren als Herausgeber und Ausstellungsmacher im Bereich Literatur tätig.

Ewald Tucai, geboren 1963, lebt in Berlin. Nach Abschluss des Studiums der Architektur ist er als Architekt, Ausstellungsmacher und Herausgeber im Bereich Literatur und Kunst tätig.

Übers Meer in die Ferne

Ein Lesebuch

Herausgegeben von
Gregor Gumpert und Ewald Tucai

Deutscher Taschenbuch Verlag

Von den Herausgebern
ist im Deutschen Taschenbuch Verlag erschienen:
Ruhr.Buch. Das Ruhrgebiet literarisch (13826)

Originalausgabe 2012
Deutscher Taschenbuch Verlag GmbH & Co. KG,
München

Umschlagkonzept: Balk & Brumshagen
Umschlaggestaltung: Lisa Helm unter Verwendung
eines Fotos von plainpicture/Jasmin Sander
Gesetzt aus der Caslon Buch BQ 9,75/13,25'
Satz: Greiner & Reichel, Köln
Druck und Bindung: Druckerei C.H. Beck, Nördlingen
Gedruckt auf säurefreiem, chlorfrei gebleichtem Papier
Printed in Germany · ISBN 978-3-423-14123-9

Inhalt

Prolog

Ödön von Horváth

Reiseträume*

Eugen ging über den Lenbachplatz und vor den großen Hotels standen wunderbare Autos. In den Hotelgärten saßen lauter vornehme Menschen und ahnten nicht, daß sie aufreizend lächerlich wirken, sowie man mehrere ihrer Art beisammen sieht.

Auch die Kellner waren sehr vornehm und es war nicht das erste Mal, daß Eugen seinen Beruf haßte.

Er ging nun bereits seit dreiviertelsieben ununterbrochen hin und her und war voll Staub, draußen und drinnen. Er sagte sich: »Also wenn die Welt zusammenstürzt, dreißig Pfennig geb ich jetzt aus und trink ein Bier, weil ich mich auch schon gern setzen möcht.«

Die Welt stürzte nicht zusammen und Eugen betrat ein kleines Café in der Nähe des Sendlingertorplatzes.

»Heute Künstlerkonzert« stand an der Türe und als Eugen sich setzte, fing ein Pianist an zu spielen, denn Eugen war der einzige Gast.

Es saß zwar noch eine Dame vor ihrer Limonade, aber die schien zum Café zu gehören und verschlang ein Magazin.

Der Pianist spielte ein rheinisches Potpourri und Eugen las in der »Sonntagspost«, daß es den Arbeitslosen zu gut geht, sie könnten sich ja sogar ein Glas Bier leisten. Und in der Witzecke sah er eine arbeitslose Familie, die in einem riesigen Fasse am Isarstrand wohnte, sich sonnte, badete – und ihrem Radio lauschte.

Die Dame mit der Limonade hatte es gar nicht gehört, daß Eugen eintrat, so sehr war sie in ihr Magazin vertieft. Sie hätte sonst aufgehorcht, weil sie eine Prostituierte war, jedoch das Magazin war zu schön. Sie las und las:

> Eine mehrwöchige Kreuzfahrt auf komfortabler Luxusjacht unter südlichem Himmel – wer hätte nicht davon geträumt? Wochen des absoluten Nichtstuns liegen vor Dir, sonnige Tage und helle Nächte, es gibt kein Telefon, keine Verabredung, keine gesellschaftlichen Verpflichtungen. Die Begriffe »Zeit«, »Arbeit«, »Geld« entschwinden am Horizont wie verdunstende Wölkchen. Einladende Liegestühle stehen unter dem Sonnendeck, kühle Klubsessel erwarten Dich im Rauchzimmer, Radio und Bibliothek sind zur Hand, über Deine Sicherheit beruhigen sich dreißig tüchtige Matrosen, für Dein leibliches Wohl sorgt ein erstklassiger Barmixer. Nach dem Essen wird das Grammophon aufgezogen, oder eine der Damen spielt Klavier. Du tanzt mit Phyllis oder Dorthy, oder Du spielst ein bißchen Whist, um Dich bei den älteren Damen beliebt zu machen, im Spielzimmer hast Du Gelegenheit beim Poker oder Bakkarat zu verlieren. Oder aber Du lehnst mit einem blonden »Flapper« an der Reeling und führst Mondscheingespräche, während der Papa in einem wunderbar komfortablen Deckstuhl liegt und den Rauch seiner Henry Clay zu den Sternen hinaufbläst,

gedankenvoll die nächste Transaktion überlegend. – Nichts in der Welt gibt in diesem Maße das Gefühl dem Alltag entrückt zu sein.

Auf dem Promenadendeck

Arthur Holitscher

Bremen–Newyork

Letzter Abend an Bord. Die Leute der ersten Kajüte kommen in großer Toilette zum Essen hinunter. Der Speisesaal ist hübsch dekoriert, bunte Crackers und Blumen sind überall auf den Tischen, und kleinwinzige japanische Papierschirmchen, die die Frauen sich ins Haar stecken. Sie sehen, aufgespannt, wie große tropische Blumen zwischen den Frauenhaaren aus. Viel Champagner kommt auf die Tische. Heute abend entscheidet es sich, ob die Freundschaften, die man zur See geschlossen hat, auf dem Festland von Dauer sein sollen oder nicht. Wir Schöngekleideten alle lehnen uns in unseren Stühlen zurück und schauen nach den anderen Tischen hinüber, von wo uns lächelnde oder gleichgültige Mienen Bescheid tun.

Oben auf dem Promenadendeck hat man einen Tanzplatz mit bunten Signalfahnen abgesteckt. Vom Dach hängen bunte Glühlichter herab. Die Paare lüften den Vorhang, die deutsche und die amerikanische Flagge, ehe sie zum Tanz antreten. Die braven Stewards spielen amerikanische Tänze auf, dazwischen einen biederen Ländler oder einen in Wien fabrizierten Walzer. Das Publikum zeigt sich rasch vor Torschluß in einer neuen Funktion. Die während der Fahrt hin und her gelaufen sind oder bleich und gelangweilt unter Decken gelegen haben, tanzen jetzt. Manche haben einen befremdlichen Rhythmus, den ihnen keiner zugetraut hätte. Eine kleine bläßliche Dame, die sechs Tage lang in einem und demselben wässerigen Roman herumgeplätschert ist, hat plötzlich den Teufel im Leibe. Der Kartenschärfer vom Tisch nebenan tanzt mit seinem Flirt: der Flirt hält seinen Lockenkopf an das Plastron glattgepreßt, es ist, als tanzten zwei Rücken herum. Die männliche Hälfte aber tanzt wie ein junges Mädchen.

Die Matrosen haben's nicht leicht diese Nacht. Einer versichert mir: heute wird nicht geschlafen. An Backbord liegen schon die Postsäcke aufgeschichtet; morgen früh kommt der Postdampfer und nimmt sie auf. Eine Stunde, ehe wir in Hoboken einlaufen, sind die Säcke an die Bahnen verteilt. Ich steige über den Strick und sehe mir die Inschriften auf den Säcken an. Port au Prince, Yukon Pacific, Nicaragua – ich höre die Reiselust förmlich *wiehern* in mir.

Auf dem Deck der zweiten Kajüte starrt ein riesiges Loch im Boden. Der Kran zwingt aus der fünfstocktiefen Untiefe das Gepäck herauf, die Koffer, Kisten, die Fracht des Schiffes. Unaufhörlich kommt und geht die Riesenkette. Ich gehe um das ganze Deck herum und genieße den letzten Abend auf dem schönen, mir liebgewordenen Schiff.

Vom Tanzboden her kommt ein Twostep geweht. Es tanzen die Amerikaner, die Deutschen, die Spanier. Der ganze Tanzboden ist voll von Tanzenden. May und Marjorie, die beiden Töchter des toten Mannes, tanzen mit. Recht der Jugend! Sie haben weiße Seidenblusen an, und die eine hat eine kleine schwarze Masche mit einer Diamantenagraffe an ihrer Brust befestigt. Sie tanzen sehr gut, ebenso der Bruder, ein wenig ausgelassen, – ausgehungert. Tanzt doch, ihr Lebenden. Ihr dürft es und könnt es, darüber besteht ja kein Zweifel.

Im Musiksaal sitzt der alte Kommodore mit seiner alten Frau. Er hat das Puzzle vor sich, es ist immer noch nicht weiter als bis zur Hälfte gelöst. Man kann es schon erkennen: es wird ein Gainsborough-Knabe mit einem Reifen sein. Das alte Paar arbeitet seit Bremen an dieser Aufgabe. Hie und da nickt der alte weißhaarige Herr ein bißchen ein, seine Frau läßt ihn ruhig ein, zwei kleine Schnarchtöne ausstoßen und lächelt ihm dann zu, wenn er aufwacht und wieder nach den Holzplättchen greift.

Die Frau des toten Mannes sitzt in einer Ecke und legt Patience. Ich lasse es mich eine Viertelstunde kosten und sehe von weitem, die Augen über dem Buchrand, zu, ob die Patience aufgeht. Nach einer Weile wirft die Witwe den Talon mit den aufgelegten Karten zusammen und beginnt eine neue Patience. Auch diese mißglückt. Dann eine dritte. In dem Gesicht der Witwe ist kein Zug, der Hoffnungslosigkeit ausdrückte. Sie ist nicht mehr jugendlich, ihr Gesicht ist fahl und gelb, aber ich fühle, sie legt die Patience nicht nur, um sich die Zeit zu vertreiben.

Draußen ist die Nacht voll von Sternen. Die Zuschauer vor den Flaggen sind rar geworden. Die Stewards spielen ihren letzten Twostep, ein paar unentwegte Paare tanzen noch unter den Glühbirnen dahin. May und Marjorie tanzen. Der Bruder steht mit der Lockendame an einer dunklen Stelle des Decks. Wie ich vorübergehe, sehe ich: er versucht mit der glühenden Spitze seiner Zigarette ihre Hand zu berühren. Er ist noch ein halbes Kind, dieser kindische Bursche.

Auf dem Deck der zweiten Kajüte, drei Schritte weit vom Tanzplatz kommt und geht die große Kette. Aus der Untiefe hebt sie die Fracht des Schiffes, die Koffer und die Kisten herauf. Ehe ich schlafen gehe, sehe ich zu, ob nicht eine Kiste heraufkommt, die die Form eines Sarges hat? Und wirklich, da kommt eine herauf, die sieht aus wie ein Sarg.

*

Elfter Juli früh. Den sechsten Tag haben wir nun kein Schiff gesehen!

Die Schiffszeitung erzählt Schauermären von einer Hitzwelle, die über Amerika hinübergestrichen ist. Hier draußen schon fühlen wir sie zwischen Haut und Hemd hindurchstreichen, diese Hitzwelle. Von Massachusetts, sagt man, haben wir sie her bekommen. Mir ist's egal, woher, sie ist infam. Jemand macht auf einen leisen Gestank in der Luft aufmerksam: das sei schon der Geruch von Newyork. Nun, das kann gut werden. Die Matrosen haben eine schlaflose Nacht hinter sich. Diese sympathischen, angestrengten Männer in zu weiten Hosen und mit Kinderkragen auf ihren kindlichen Blusen gehen geschäftig zwischen uns Passagieren hin und wieder. Das Hinterdeck ist mit Gepäck vollgestopft. Die Postsäcke liegen bis zur Decke aufgetürmt.

Auf Zwischendeck ist alles sehr munter und steckt in Sonntagskleidern. Auf einmal haben alle Kragen um die Hälse, sogar Itzig und seine Söhne. Nur Frau Itzig hat ihre Alltagstracht bewahrt, hellgrauer Rock, weiße Bluse, das heißt ...

Jetzt rennt alles an die Reling. Dünne graue Striche sind am Horizont zu sehen, sie steigen, es ist das Land. Ein paar Schiffe kommen von Amerika her, Schiffe endlich! Eine kleine Rauchwolke nähert sich uns rasch. Das ist der Pilot, heißt es. Da ist also die Neue Welt. –

Es dauert nicht lang, und der Pilot ist ganz in unserer Nähe. Ein Boot stößt von seinem Schiff ab. Die Strickleiter mit Holzsprossen kollert an unserer Schiffswand hinunter, der Pilot kommt an Bord des »Kaiser Wilhelm der Große«.

Drei fette alte Burschen, in Stadttracht und mit Zahnstochern im Mund, pusten sich die Leiter herauf – das ist der Pilot. Ich kann nicht sagen, daß diese ersten drei authentischen Amerikaner mich mit Enthusiasmus erfüllen. Sie sehen aus, als sollten sie uns im nächsten Augenblick mit den drei elementaren amerikanischen Unarten bekannt machen, Gummikauen, Spucken, Hemdärmeln. Sie tun aber nichts dergleichen, und unser Interesse wird bald durch andere Dinge von ihnen abgelenkt.

Man sieht jetzt mehr Schiffe und graue Streifen am Horizont. Berge, Farben, Inseln. Es ist ganz klar zu ersehen, was die Macht dieser Stadt dort im Hitzenebel begründet hat. Zwischen New Jersey und Long Island klafft ein Loch, und das ist die natürliche Pforte des Hafens. Dieser Hafen ist mit einer Unzahl von kleinen, unansehnlichen, schief im Wasser steckenden Pflöcken, winzigen roten Klingelbojen und Zeichen aller Art bespickt, der Pilot ist nicht überflüssig, weiß Gott.

Häuser werden sichtbar, Bungalows, Wald; ein silberner Strich unterm Grün, das ist Long Islands Strand; ein riesiges Rad, ich höre, es steht auf Coney Island.

Und nun steigt auch schon, weit hinter Long Islands Hügeln ein fester, durchsichtiger Rauch in die Höhe, eine Nebelfestung mit Türmen und Zinnen, schmal und fest zur Seite von Staten Islands Berg, der jetzt hervorkommt, weil wir uns drehen: das ist die Südspitze von Manhattan, die Stadt der Wolkenkratzer.

Die »Moltke« der Hamburg-Amerika-Linie fährt an uns vorbei, hinaus, die italienische Flagge vorn gehißt, nach Genua – adieu! Eine kleine Insel gleitet näher, von Staten Island her, auf uns zu; sie ist wie eine kleine, kapriziös ausgezackte grüne Decke aufs Meer flach draufgelegt. Eine menschliche Gestalt von ungeheuren Proportionen, Sonne in den grünen Falten ihres Gewandes, hat Fuß gefaßt auf ihr – dies ist *Liberty Island*, die Statue der *Freiheit*, die an der Pforte der Neuen Welt liegt: Freiheit, von Herzen Hurra, Hail Columbia! Hurra!!

Gleich dahinter, allerdings, die breiten niederen roten Häuser, halb Lazarett, halb Gefängnis, mein Freund erklärt mir, das sei Ellis Island, die Einwanderer-Insel, die schreckliche. (Von ihr später, viel später.)

Allerhand kleine Schiffe haben sich jetzt an unseren Flanken festgelegt; wir stehen still, wie ein Pferd, von Mükken belagert. Da ist das weiße Postschiff, das Sanitätsschiff, ich weiß nicht, was für welche noch. Die Yacht des New York Herald bringt die ersten wirklichen Zeitungen an Bord, Börsenkurse summen um uns her, aber auch andere Zahlen: heute 103 Grad Fahrenheit, achtzehn Tote bis Mittag. Bis herauf zum Sonnendeck, wo ich stehe, schwirren all die Zahlen her. Ich fahre jetzt, wir fahren auf die Riesenstadt zu, das Erste, was man von Amerika zu sehen kriegt und das Ungeheuerlichste zugleich. Es wächst, wächst am Horizont, höher, schaut jetzt aus wie eine Hand, die sich schmal und langsam in die Höhe streckt, man weiß nicht: zum Willkomm oder wie eine Drohung?

Wie eine Hand, wahrhaftig, kommt Manhattan aus dem Meer in die Höhe gestiegen, jeder Finger ist dreißig Stockwerk hoch und darüber.

Wir fahren jetzt langsam, langsam. Die Seeluft ist weg, vergessen, es ist schon sehr heiß, obzwar's noch seine guten Wege hat mit Hoboken.

Bei einer Wendung des Schiffes sehe ich die Hand dort vorne sich spalten. Die mittleren Finger gehen auseinander, zwischen ihnen sieht man einen Strich, der mit Luft gefüllt ist – das ist Broadway, die große Straße der Stadt. Absonderlich, wie das dort ausschaut. Gar nicht wie Wirklichkeit, sondern wie eine dünne Kulisse mit nichts dahinter, wahrhaftig.

Viel deutlicher ist schon die Reklameinschrift rechts unten, in Brooklyn zu sehen. So etwas wie ein wagerechter Wolkenkratzer, knapp über der Hafenlinie, etliche Kilometer lang – ein Bitterwasser wird angepriesen!

Die Pyramiden Ägyptens versetzen einem einen ähnlichen Schlag ins Genick, wie die Wolkenkratzerstadt Manhattan von der Bai aus zum erstenmal gesehen, sagte mir der Vornehme. Nun, ich mach' mich auf den Schlag bereit. Ich wünschte, man würde die Bitterwasser-Reklame dort wegkratzen, auch sie hat etwas Monumentales, ich warte und bereite mich auf den Schlag vor. Ich habe die Pyramiden nicht gesehen, aber was ich jetzt im Drauflosfahren auf die Insel Manhattan-Newyork empfinde, ist ein bizarres, gemischtes Empfinden von Unbehagen, Widerstreben, Staunen, ohne Befreiung des Gefühls vom Denken, alles eher als ein großes, unbedingtes, aufatmendes: Ah!

Und die Manhattan-Spitze dreht sich weiter. Broadway ist weg und die Häuser sind jetzt gut zu sehen, große viereckige Ziegelsteine mit Poren, nein, besser gesagt, große aufrecht hingestellte holländische Waffeln, nein, riesige Siebe mit Löchern drin, das ist's: Siebe, mit ungeheuer vielen

Löchern. Da stehen sie beieinander. Man kann sich nicht denken, daß da drinnen Menschen leben sollen, daß hinter jenen Löchern dort menschliche Wesen mit Augen, Nasen und Haaren auf dem Kopf ihr Leben verbringen. Oben sind an die Siebe winzige weiße wehende Rauchfähnchen angebunden, die Winzigkeit dieser Fähnchen macht den Anblick dieser Mordskasten vor uns noch unbehaglicher, jawohl. Ich drehe mich anders herum, lasse die Stadt dort hinten sich ruhig um ihre Achse drehen und besehe mir die Stadt der Schiffe, statt der Stadt des Steins.

Wirklich, diese Stadt der Schiffe, die Manhattan einsäumt, ist einzig, überwältigend.

Schlote und Maste, ungeheure Hallen, auf den Piers hinaus ins Wasser geschoben; aus ihnen lösen sich zuweilen schwere braune Inseln los und gleiten in den Strom, den Hudson, in den wir jetzt einfahren. Es sind die Fähren. Sie tragen Eisenbahnzüge, Wagen, Automobile, Vieh und Menschen auf ihren Rücken. Ein dumpfes, klagendes Gebrüll und die Insel ist vorbei geschwommen. Alte Schiffe, mit Pendeln auf dem Rücken, lenken an uns vorbei. Ein Abfallschiff stinkt penetrant seines Weges daher, hinaus zu einer Insel bei Rockaway; es trägt den »Duft Newyorks« hinaus, den wir schon von weitem gewittert haben. Jetzt zeigt man sich die weißen, fünf Stockwerke hohen Schiffe der Hudson-Linie; schon denke ich daran, daß ich auf einem dieser Paläste bald hinauffahren werde ins Land und fort von Newyork. Und die Stadt der Riesensiebe verschiebt, verschiebt sich. Die Wolkenkratzer sind grau, gelb, bräunlich, zumeist aber monoton graugelb. Plötzlich sehe ich etwas wahrhaft Schönes in der Ferne über dem Gewimmel der löcherigen Häuser auftauchen. Eine riesige rote Spinne, die auf ihrem Rücken eine rote stachelige Blume trägt, kriecht mit langen Spinnenbeinen über die Dächer weg – es ist das Eisengerüst des neuen Municipal-Building, eine Konstruktion, die eines der höchsten Häuser Newyorks krönen wird. Dieser rote Fleck ist schön; ich habe etwas gemerkt und schreibe es mir auf. Das Gerüst ist schön und das Fertige ist häßlich. Das heißt die Energie, die unter diesen Ungetümen steckt, geht mich näher an, als die Resultate, die sie hervorgebracht hat. Wir sind in Newyork, und der Choc ist ausgeblieben. Ich wäre ein Lügner, wollte ich behaupten, ich hätte eins im Nacken gespürt.

Aber unter diesem Allzugroßen, nicht Überwältigenden lebt die Stadt. Manhattan, das spitze Tier, sticht wie ein Tausendfüßler mit seinen unzähligen Piers wie mit giftigen Stacheln nach uns. »Kaiser Wilhelm der Große« gleitet ruhig an ihnen vorbei, zwischen Manhattans und Hobokens Stachelspalier hindurch, den Piers des Norddeutschen Lloyd entgegen.

An Bord kümmert sich keiner mehr um den anderen. Aller Augen sind auf ein weißes viereckiges Loch gerichtet, das, nicht mehr weit von uns, in einem schwarzen breiten niederen Haus auf der Hoboken-Seite flimmert. Dort warten Menschen in hellen Kleidern auf unser Schiff, schwenken Tücher, sind aufgeregt und flimmern in der wahnsinnigen Hitze.

Neben mir zieht einer seinen Rock aus und entfaltet eine kleine weiße Fahne mit rotem Viereck darin – eine ähnliche antwortet ihm aus dem weißen flimmernden Loch.

Die großen Buchstaben North German Lloyd, die in der Nacht über dem Hudson aufglühen und verschwinden, sind jetzt auf den drei Piers vor uns zu lesen. Wir drehen uns langsam und laufen den südlichen der drei Piers an. Unten vor dem offenen Tor des schwarzen breiten Hauses steht ein kurzer, unnatürlich dicker Kerl breitspurig da und blickt unter seinem Sombrero patzig zu uns hinauf. Die Menschen aus dem flimmernden Loch sind jetzt alle auf die Ankunftsseite hinüber gelaufen und brechen in ein delirierendes Erkennungsgebrüll aus. Von unserm Schiff antwortet man. »Kaiser Wilhelm der Große« knarrt mit einem Ton, der sich norddeutsch anhört wie: »Uff!« an den Pier. Ich nehme Paletot und Handtasche und gehe übers Brett hinunter nach Amerika.

Alice Herdan-Zuckmayer

Der blinde Passagier*

In Rotterdam zog ich – nachdem wir Zoll und Paßkontrolle passiert hatten – einen weiten, alten Trenchcoat von Zuck an, versteckte Mucki an meiner Brust und ging mit ihm zur Schiffstreppe. Ich mußte höllisch aufpassen, daß Mucki nicht tiefer rutschte und das Schiffspersonal mich für schwanger halten konnte. Das hätte unsre Reise in Frage gestellt, denn Kinder, in England oder Amerika geboren, werden automatisch Staatsbürger dieser Länder, worüber diese Länder nicht immer glücklich sind; daher führen sie eine gewisse Kontrolle weiblicher, der Schwangerschaft verdächtiger Personen ein.

Gegen meine ungewöhnliche Oberweite war nichts einzuwenden, und ich eilte zu unsrer Kabine, um Mucki dort möglichst bald aus dem Mantel zu entfernen. Zuck war mit Winnetou oben auf dem Deck, um die Abfahrt des Schiffes mitzuerleben: das Heulen der Schiffssirene, die Musik, das Lösen der Anker, die winkenden Leute.

Mir war sehr ernst zu Mute. Ich setzte Mucki auf mein Bett und sprach zu ihm: »Mucki, hör zu: deinetwegen haben wir London aufgegeben, drei Jahre gesicherter Existenz, dafür hast du uns in Paris fast die Polizei auf den Hals gehetzt, und im Hotel haben wir den Teppich zahlen müssen. Wir verstecken dich hier in unsrer Kabine, damit du nicht zu fremden Hunden in den Schiffszwinger mußt, damit du bei uns bleiben kannst. Du darfst also nicht bellen!« Ich hob ihn hoch, trug ihn ins Badezimmer und legte Zeitungspapier in eine Ecke. »Siehst du, nur da darfst du dein Geschäft erledigen. Niemand darf dich sehen und hören, du bist eingeschmuggelt, du bist ein blinder Passagier. Hast du mich verstanden?«

Die Schiffsmaschinen stampften, das Wasser rauschte, der Boden der Kabine schwankte, hob und senkte sich. Ich sah Mucki an, er rollte die Augen, verzerrte sein Maul und kotzte.

Die kleine, holländische ›Zaandam‹ hatte nur eine Klasse. Sie war ein schmuckes, blitzsauberes Schiff. Wir hatten eine Außenkabine zu dritt. Winnetou schlief über mir, Zuck in einem Einzelbett. Das kleine Badezimmer, das dazu gehörte, war unser Glück.

Wir hatten auch Glück, daß die amerikanische Schauspielerin Peggy Wood an Bord war, die die Hauptrolle im ›Bellman‹ spielen wollte. Sie war mit dem Kapitän des Schiffes befreundet, daher wurden wir an den Kapitänstisch gesetzt.

Schon am ersten Tag stellte sich heraus, daß der Kapitän leidenschaftlicher Ornithologe war. Bei den folgenden Mittag- und Abendessen führten der Kapitän und Zuck lange, gute Gespräche über Flugrichtung, Flughöhe und Fluggeschwindigkeit der Goldregenpfeifer.

Peggy Wood unterhielt sich mit mir über den ›Bellman‹. Sie konnte ein wenig deutsch, während mein Englisch, das ich bis zu einem gewissen Grad zu beherrschen glaubte, und das geschult war an Shakespeare, Milton, Dickens, Swift, Byron, Keats etc., sich als ziemlich unbrauchbar für den täglichen Umgang mit Amerikanern herausstellte. Ich vermied es also, mit dem amerikanischen Ehepaar an unserm Tisch zu reden, das ohnehin sehr schweigsam war, und wandte mich mehr den Holländern zu, die deutsch sprachen. Winnetou saß nicht an unserm Tisch, sie mußte in einer früheren Serie essen, um zu Mucki zurückzueilen, den man keine Minute allein lassen konnte.

Der Kapitän und Peggy Wood stellten für uns Schutz und Schirm dar während der stürmischen Tage, die wir in unsrer Kabine erlebten.

Wir fuhren zum ersten Mal über den Ozean. Wir wurden nicht seekrank, obwohl uns alle Voraussetzungen dafür geboten wurden.

Geboten wurden sie von Mucki, der über alle Maßen seekrank wurde. Ich und Winnetou lebten mit Mucki im Badezimmer, ich übernahm die Nachtwache, ich saß nachts neben ihm auf dem Boden, hielt ihm den Kopf und sprach ihm Trost zu. Winnetou erschien frühmorgens und half, alles zu entfernen und wegzuwischen, was aus Muckis sämtlichen Öffnungen entströmt war. Da der Baderaum ohne Luke war und der Entlüfter den üblen Geruch nicht rasch genug entfernen konnte, verwendeten wir billiges Parfum, das wir auf Boden und Wände spritzten.

Am zweiten Morgen kam Zuck vom Duschen in die Kabine, er war ohnehin gereizt, weil wir ihm vier Taschentücher und eine Unterhose zum Aufwischen entwendet hatten, und schrie uns an: »Die Scheiße ist mir lieber als euer stinkiges Parfum!«

Wir vergossen kein Parfum mehr, und am nächsten Tag meldete die aufräumende Stewardeß ihrer zuständigen Stelle, daß in unserm Badezimmer ein unerträglicher Geruch herrsche, der jedermann seekrank machen müsse. Ja, sie steigerte sich in ihrem Abscheu in die Vermutung hinein, wir würden einen toten Hund verstecken, es röche nach Tierleiche.

Ich lief zu Peggy Wood, ich war von den Nachtwachen zermürbt und verstört, und berichtete ihr, daß wir unsern alten Hund aufs Schiff geschmuggelt hätten und in unserm Badezimmer versteckt hielten.

»Er ist so seekrank, daß er dem Tod nahe ist«, sagte ich. »Wenn man uns zwingt, ihn in dem Hundezwinger abzuliefern, ist das sein Ende.«

Peggy ging zum Kapitän, der bewilligte den Aufenthalt des Hundes in unsrer Kabine unter der Bedingung, daß wir Abhilfe schaffen müßten.

Die Überquerung des Ozeans dauerte noch acht Tage – wie sollte ich Abhilfe schaffen? Zuck und Winnetou waren an Deck im Sonnenschein. Ich war allein. Ich legte mich erschöpft auf mein Bett.

Es war ein schöner Tag, das Meer war still. Durch die geöffnete Luke der Kabine strömte Licht und salzige Meeresluft. Ich war ganz wach und grübelte. Und wieder fiel mir die Tante ein. Mir kam der süße, schwere Rotwein in den Sinn, den sie mir oft angeboten hatte. Dann sah ich den Weg vor mir nach Saas-Fee über die hohe Stiege, ich sah den trunkenen Hund in meinen Armen. Und plötzlich kam die Erkenntnis der Zusammenhänge über mich: die Tante mußte den schweren Wein mit ihm geteilt haben, damit sie ungestört Konzerten oder nationalsozialistischen Versammlungen beiwohnen konnte.

Ich sprang auf, lief zur Schiffsbar, kaufte eine Flasche Malaga, lief damit zurück zu Mucki. Ich erwärmte Trinkwasser auf dem kleinen Spirituskocher, den wir mitgenommen hatten, tat Schokolade hinein, um sie aufzulösen, und bereitete in seiner Schüssel ein Gemisch von flüssiger Schokolade und Malaga zu.

Mucki lag apathisch auf seiner Decke, ich stellte die Schüssel vor ihn hin, aber er konnte den Kopf kaum heben und sich nicht aufrichten. Ich hob ihn soweit hoch, daß seine Schnauze in die flache Schale sinken konnte. Er begann zu schnuppern, dann tauchte er sein Maul in die Flüssigkeit und schlürfte das Getränk in sich ein. Er fiel zur Seite, und bald schlief er ein.

Von nun an bekam er täglich ein paar Stücke gekochtes oder gebratenes Fleisch, das ich mittags bei Tisch von meinem Teller weg in eine Tüte verschwinden ließ und in die Kabine mitnahm. Ich zerkleinerte und mischte das Fleisch mit gewärmtem Malaga.

Der Erfolg war verblüffend. Mucki schwankte zwar im gleichen Rhythmus mit dem Schiff, aber wenn ich ihm abends noch etwas mehr Malaga in sein Honig- und Schokoladenwasser mischte, schlief er so fest ein, daß ich ihn bald unbesorgt in die Kabine nehmen und zu Füßen meines Kajütenbettes herbergen konnte. Wir hörten froh und zufrieden seinem tiefen Schnarchen zu. Ich aber lag noch lange wach und mußte über die Malaga-Kur nachdenken.

Am nächsten Morgen ging ich zum Wärter des Hundezwingers und sah mir den Wolfshund, das Windspiel, den Dackel und den Spaniel an und fragte, ob keiner seekrank wäre. Der Wärter zwinkerte mit den Augen, lachte und sagte: »Whisky mit Tee hilft Mensch und Tier.«

Sicher wäre all diesen schönen Hunden speiübel geworden, wenn man ihnen süßen Malaga verabreicht hätte, und mir wurde auf dieser Schiffsreise zum ersten Mal klar, wie das sonderbare Reagieren und Verhalten des Mucki zu erklären war: er fühlte sich zeitlebens unlösbar mit der Tante verbunden, und jegliche Erinnerung an sie verlieh ihm Lebensfreude und Gesundheit. Es kam mir zum Bewußtsein, daß sein Leben davon abhing, wie weit er mich mit der Tante identifizieren konnte. Diese Erkenntnis war gespenstisch.

Ich sagte Zuck kein Wort von der Malaga-Kur, er war ein verhinderter Zoologe und mißbilligte ohnehin die unfachgemäße Ernährung des Mucki und seine Überfütterung mit Süßigkeiten. Er wunderte sich über die Flasche Malaga, die in der Kabine stand, und fragte mich: »Seit wann trinkst du das klebrige, süße Zeug? Pfui Deibel.«

Ich nahm die Beschuldigung schweigend hin.

Es war eine lange Fahrt, wenig stürmisch zur Enttäuschung der Winnetou. Sie fragte den Kapitän, wann immer sie ihn sah, ob kein Sturm aufkäme. Er antwortete: »Vorläufig nicht«, tröstete sie aber zugleich: »Bald kommen die Eisberge, sie bedeuten eine große Gefahr für Schiffe.« Er erzählte ihr von dem englischen Schiff ›Titanic‹, das vor 27 Jahren auf einen Eisberg aufgefahren war. Sie liebte es, wenn nachts die Schiffssirene zu hören war. Dann wußte sie, daß die Eisberge umschifft wurden. Ich mußte ihr vor dem Einschlafen immer wieder die Einzelheiten von dem entsetzlichen Untergang der ›Titanic‹ erzählen, damit sie ruhig schlafen konnte. Es war merkwürdig, daß das Kind mit Katastrophengeschichten und der Hund mit Alkohol betäubt werden wollten.

Wir erwähnten mit keinem Wort den Brief von unserm Freund Franz Horch, den Zuck in seiner Mappe verschlossen hielt. Wir kannten jedes Wort dieses Briefes, wir wußten, in welcher Gefahr wir uns befanden. Wir konnten nichts tun, als abzuwarten und zu schweigen. Es ist gut in solcher Lage, nichts auszusprechen und die Worte der Angst für sich zu behalten.

Wir hatten bei Abfahrt des Schiffes von Rotterdam viel Post in unsrer Kabine vorgefunden. Unter diesen Briefen befand sich der Brief von Horch, der schon ein Jahr zuvor in New York angekommen war und sich dort etabliert hatte.

Er schrieb:

Im deutschen Reichsverordnungsblatt steht, daß ihr und das Kind ausgebürgert worden seid. Wißt Ihr, was das bedeutet? Eure Pässe sind ungültig. Das amerikanische Immigration Office hat selbstverständlich Eure Ausbürgerung erfahren. Ihr werdet monatelang im Gefängnis von Ellis Island sitzen und abwarten müssen, ob man Euch in die Vereinigten Staaten aufnimmt. Das kommt alles von Eurem bodenlosen Leichtsinn, Ihr und Werfels wolltet ja nicht auf mich hören, Ihr wolltet keine ordentlichen Einwanderer auf Immigration-Visum werden. Jetzt steht Eure Sache schlecht: Nur Dorothy Thompson, Hendrik van Loon und der Präsident der Vereinigten Staaten können Euch retten –

Euer armer Franz

Wir warteten voll tiefer Besorgnis, aber nicht ohne Hoffnung auf die Errettung durch die Drei Könige.

Ich wandte mich in diesen Tagen des Abwartens immer wieder den Briefen zu, die von den Eltern und Freunden an uns gerichtet waren. Sie beglückwünschten uns zur Fahrt in ein freies Land. Sie sprachen sich selbst Mut zu, um die Trennung ertragen zu können.

In manchen Briefen schien der Abschied endgültig zu

sein. Wir fühlten uns wie Abgeschiedene, die, von den Segenswünschen der Hinterbliebenen begleitet, über das große Wasser hinüberglitten zu den Inseln der Seligen.

Drei Tage vor der Ankunft in New York erhielten wir ein Kabel: »Erwarte euch als Gäste in meiner Wohnung, 88 Central Park West. Laßt alle Gepäckstücke auf meine Adresse umschreiben.« Was das bedeutete, begriffen wir noch nicht in vollem Umfang. Wir wußten zwar, daß Dorothy Thompson eine steile Karriere gemacht hatte. Aber wir wußten nicht, daß sie zur Zeit unserer Ankunft die höchste Stufenleiter erklommen hatte. Das erfaßten wir erst, als wir von dem Immigration Officer angerufen wurden. Wir zitterten, als wir vor ihm standen. Wir hörten auf zu zittern, als er sagte: »Sie sind Gäste von Dorothy Thompson, das ist allerhand!« Beim Stempeln unserer Papiere sah er uns einen Augenblick nachdenklich an, als ob er meinte, wir könnten vielleicht auch Prominente sein, dann sagte er: »Okay, everything all right. Sie haben eine besondere Empfehlung von Präsident Roosevelt. Sie können sofort an Land gehen.«

Um ½ 4 Uhr früh waren wir aufgestanden. Das Schiff landete um 5 Uhr früh in Hoboken, einem Hafen gegenüber Manhattan.

Wir sahen eine Menge Leute am Pier, und über ihnen ragte eine Riesengestalt, wie Gulliver bei den Zwergen. Sie machte den Eindruck, als ob die Freiheitsstatue lebendig geworden wäre, um uns zu begrüßen. Unser stämmiger, mittelgroßer Freund Franz Horch, der neben dieser Gestalt winzig wirkte, winkte und deutete auf uns.

Als die Landungsbrücke heruntergelassen wurde, gingen wir mit Mucki, ohne ihn verbergen zu müssen, über die Treppe.

Da wandelte der Riese auf uns zu, schüttelte Zuck und Winnetou die Hände. Ich konnte nur mit dem Kopf nicken, da ich Mucki in den Armen hielt. Der Riese sagte, er sei van Loon, und er sei gekommen, damit uns nichts Böses widerfahren sollte.

»Amerika ist ein schönes Land«, sagte er. »Jeder soll hier gut ankommen, auch wenn er ungültige Papiere hat. Und darum bin ich verdammt nochmal um halb drei Uhr früh aufgestanden und anderthalb Stunden im Auto hierhergefahren.«

Gleichzeitig hefteten sich seine Augen fasziniert auf Mucki. »Ihr habt eine wunderbar schöne Hund mitgebracht ...«

»Er heißt Mucki«, sagte ich.

»Mucki«, sagte er zärtlich, nahm ihn mir aus den Armen und legte ihn an seine Brust. »Du bist eine liebe, gute Hund, und weil du blind bist, viel gescheiter wie andere Hunde.«

Er ging mit ihm zum Zoll, stellte dort Mucki auf den Tisch, um ihn verzollen zu lassen.

Ich überreichte dem Zollbeamten Muckis Papiere. Sie fanden darin ›Bastard‹ und übergaben mir einen Schein, auf dem stand: »Dog of no value«.

Glücklicherweise zeigte ich van Loon diesen Schein erst, als wir in scinem großen Wagen saßen. Er bekam einen Zornesausbruch. »Hund ohne Wert«, schrie er.

»Wissen die, was wert ist.«

Mit van Loon fuhren der Hund, Winnetou und ich. Zuck hatte vorgezogen, in Horchs Begleitung mit der Fähre und dem Autobus in die fremde Stadt zu fahren.

Van Loon saß neben seinem Chauffeur und hielt Mucki auf dem Schoß, streichelte und liebkoste ihn. Mucki gelang es, sich aufzurichten und van Loon am Hals zu lekken.

Ich legte mich auf den Boden des Autos, um die Gipfel der Wolkenkratzer zu sehen, und rief dem Liebespaar van Loon und Mucki Worte der Begeisterung zu.

»Eine Frau kommt in New York an und wirft sich auf den Boden, um die Wolkenkratzer anzubeten«, sagte van Loon und lachte zufrieden.

Schiffstagebuch

Die *MS Deutschland*, das schöne, altmodische Schiff, auf dem ich gut zwei Wochen lang nach Kap Hoorn und weiter bis nach Buenos Aires reisen werde, liegt in Valparaíso auf Reede. 22400 Tonnen, 175 Meter lang, Eichentäfelung, blankpoliertes Messing, nicht eines dieser modernen schwimmenden Wohnsilos, die ich im Sommer in Spanien sehe. Es ist unvermeidlich, daß ich an Slauerhoff denke. Wie oft war er hier, als er die Südamerikaroute fuhr? Von Deck aus muß er dann, wie ich jetzt, die sacht ansteigenden Hänge der Stadt betrachtet haben und dahinter in der Ferne die weißen Gipfel der Anden. Aber nein, als ich viel später Slauerhoff zusammen mit Valparaíso bei Google eingebe, bekomme ich zwar eine Site der Weespertrekvaart-Männer mit Seemannsliedern, doch unter ihnen findet sich kein Text von Slauerhoff. Ein typisches Beispiel für die Kraft der Legende, der Dichter war zwar oft in Südamerika, allerdings auf der anderen Seite des Kontinents, dort, wo ich hinfahre. Immerhin bleibt mir ein Lied von Sting:

Red the port light, starboard the green,
How will she know of the devils I've seen
Cross in the sky, star of the sea
Under the moonlight, there she can safely go
Round the Cape Horn to Valparaiso.

Ich verdiene mir die Reise in der Admiralskajüte durch zwei Lesungen, von denen ich eine gemeinsam mit meinem Freund Rüdiger Safranski bestreiten werde, der solche Touren schon früher gemacht hat. »Aber dann bist du ein Bediensteter«, sagte der berühmte Kollege aus den Niederlanden treffsicher wie immer, als ich ihm von der bevorstehenden Reise erzählte. »Genau«, antwortete ich, »wie 1957, als ich zum erstenmal nach Südamerika fuhr und die Überfahrt dadurch bezahlte, daß ich Toiletten schrubbte und die Herren Offiziere bei Tisch bediente. Das surinamische Schiff, auf dem ich war, ging später bei Tobago unter, und die Hügel von Tobago waren das erste, was ich von diesem Kontinent gesehen habe.« Bediensteter unter Bediensteten: An Bord sind weiterhin ein Gitarrist, eine Sängerin, eine Klassik-Pianistin aus Aserbaidschan, ein paar Tänzerinnen mit sehr langen Beinen, ein Zauberkünstler. Außerdem bildet das Schiff die Kulisse einer sentimentalen Fernsehserie, *Das Traumschiff*, die ich nie gesehen habe, die aber in Deutschland sehr populär ist. Alle echten Offiziere, inklusive vielleicht sogar des Schiffsarztes, haben also einen fiktiven Doppelgänger, und das gilt auch für die schmetterlingsgleichen Schauspielerinnen, die wir manchmal unter Filmscheinwerfern über das Deck huschen sehen. Das verleiht dem Ganzen etwas Unwirkliches, das mir gut gefällt.

Der *richtige* Kapitän ist ein über vierzigjähriger Beau garçon, der in jedem englischen Kriegsfilm einen deutschen Offizier spielen müßte. Außerdem ist er ein echter Leser – wer immerzu um die Welt fährt, hat viel Zeit. Wenn er Landurlaub hat, wohnt er in Paris. Ich werde viele Stunden mit ihm auf der Brücke zubringen, ein Jungentraum, der mir geblieben ist. Er erzählt mir, daß manche Passagiere regelmäßig wiederkommen. Einsame Menschen, sagt er, die es an Land allein nicht mehr aushalten und manchmal ein halbes Jahr lang mitfahren, die Crew ihre Ersatzfamilie.

Puerto Montt ist der erste Hafen, in dem wir anlegen, zwischen lebhaftem Hin und Her kleiner Boote, vollbepackt mit Blöcken aus schwarzem gepreßtem Tang. Wenn man Chile für einen Moment vom Rest des Kontinents ablöst, sieht man, wie unendlich schmal und lang das Land ist, viele Tausende Kilometer. Puerto Montt ist eine Provinzstadt, Hauptstadt der X. Region. Nach Süden zu wird das Land immer leerer, die Nummern der Regionen höher. Puerto Montt ist bis zur Antarktis (XII. Region) die wichtigste Stadt. Wir waren ein paar Tage auf See, lange genug, um uns an den sich wiederholenden Tagesablauf zu gewöhnen. Das Leben an Bord hat Ähnlichkeit mit einem Kloster, alles geschieht zu festen Zeiten, und man kann nicht weg. Nach einer Weile hat man seine Schritte dem sanften Schaukeln angepaßt, der feste Boden an Land fühlt sich danach merkwürdig an. Ich lese die Zeitung mit der Lokalpolitik, vor dem Hintergrund der Anden auf der einen und dem Ozean auf der anderen Seite steht eine neunköpfige Jungengruppe und gibt auf großen Trommeln ein aufwühlendes Konzert, so laut, daß man es bis in die Berge hören kann. Holzschiffe hängen schief am Kai. Auf irgendeiner Mauer steht, daß Lesen ein Rettungsanker gegen die Langeweile ist, wohlgemerkt. Ich lese nun schon seit Tagen die unglaubliche Geschichte *Sailing Alone Around the World* von Joshua Slocum, der auf seinem eigenhändig gebauten Schiff zwischen 1895 und 1898 als erster allein die Welt umsegelte. Hätte er diese Reise jetzt gemacht, so hätten wir ihm begegnen müssen, denn er segelte über Kap Hoorn und die Magellanstraße in Gegenrichtung entlang dieser Küste nach Norden zu den kleinen Inseln Juan Fernández und San Félix, die Schouten und Le Maire bereits 1615 auf dem Weg nach Indien besucht hatten, kleine Flecke weit entfernt im Ozean, die wir rechts liegenlassen. Unweit von Puerto Montt befindet sich Puerto Varas, ein kleiner Hafen am Llanquihue-See. Dort sehe ich auch meinen gepreßten Seetang wieder, bestimmt für die Fischsuppe. Auf hohen Pfählen steht ein Holzgebäude im Wasser, man geht auf einem Steg an den vielen Küchen mit Fischen, Garnelen, Krabben und großen Seeigeln entlang und sucht sich einen Platz mit Blick auf den schneebedeckten Vulkan. *Local 20*, von Silvia. Eine Holzveranda über dem Wasser, ein ferner Vulkan mit Eismütze, um mich herum das weiche Schnurren des chilenischen Spanisch, aus dem kleinen Transistorradio über dem mächtigen Herd kommt ein Lied über eine große entschwundene Liebe, und meine eigene Welt rückt in immer weitere Ferne.

Einfahrt in Rio*

Frühmorgens warten schon alle Passagiere ungeduldig an Bord, mit Ferngläsern und Kameras bewaffnet; keiner will, sooft er sie auch schon bewundernd gesehen, die berühmte Einfahrt in Rio de Janeiro versäumen. Aber noch glänzt das Meer blau und metallen wie seit Tagen und Tagen, beruhigende und zugleich ermüdende Monotonie. Und doch, man fühlt es, daß man sich dem Lande nähert, man atmet die nahe Erde, noch ehe man sie sieht, denn feucht und süß wird mit einem Mal die Luft, weicher fühlt man sie an Mund und Händen, ein dunkler Duft schwebt unmerklich her, gebraut in den Tiefen der riesigen Wälder aus Pflanzenatem und Feuchte der Kelche, jener unbeschreibbare, warme, schwüle und gärende Brodem der Tropen, der auf süße Art einen trunken und müde zugleich macht.

Jetzt endlich in der Ferne ein Umriß: eine Bergkette zeichnet sich unsicher-wolkenhaft in den leeren Himmel hinein, und in dem Maße als das Schiff näher stampft, festigen sich ihre Konturen: es ist die Bergkette, die mit ausgespannten Armen die Bucht von Guanabara beschirmt, eine der größten der Erde. Alle Schiffe aller Nationen fänden darin gleichzeitig Raum, so weit und schwunghaft wölbt sie sich mit ihren vielen einzelnen Baien und Vorgebirgen aus, und innerhalb dieser aufgebrochenen Riesenmuschel liegen wie Perlen verstreut eine Unzahl Inseln, jede anders in Form und Farbe. Manche tauchen nur grau und gleichtönig aus der amethystenen See; für Walfische könnte man sie aus der Ferne halten, so nackt und kahl ist ihr Rücken. Manche wieder sind länglich und steinig gerippt wie Krokodile, manche mit Häusern bestanden, manche als Festungen bewehrt, manche scheinen schwimmende Gärten mit Palmen und Gartengeländen, und während man neugierig ihre unvermutete Vielfalt der Formen mit dem Fernglas bewundert, treten nun gleichzeitig die Berge des Hintergrundes plastisch hervor, auch sie jeder anders und eigenwillig. Nackt steht der eine und der andere ins grüne Palmenkleid gehüllt, felsig dieser und der andere einen schimmernden Gürtel von Häusern und Gärten umgelegt; es ist, als hätte die Natur als verwegene Plastikerin alle irdischen Formen nebeneinanderzustellen versucht, und irdische Namen hat darum auch die Volksphantasie jeder einzelnen dieser bergigen Steingestalten gegeben: die Witwe, der Bucklige, der Hund, der Finger Gottes, der schlafende Riese, die beiden Brüder, und dem allersichtbarsten, dem Pão de Açúcar, den Namen Zuckerhut, der, knapp vor der Stadt aufsteigend, mit seiner steilen Plötzlichkeit vor dem Eingang steht wie die Freiheitsstatue in New York, als das uralte und unverrückbare Symbol dieser Stadt. Aber noch über allen diesen einzelnen Monolithen und Bergen erhebt sich der Häuptling dieses Riesengeschlechts, der Corcovado, und hält ein gewaltiges Kreuz, (das nachts elektrisch erglüht) über Rio de Janeiro segnend erhoben wie ein Priester die Monstranz über eine hingekniete Schar.

Jetzt endlich gewahrt man, nachdem man das Gewirr der Inseln durchfahren, die Stadt. Aber nicht auf einmal gewahrt man sie. Nicht wie etwa in Neapel, in Algier, in Marseille tut sich dies Häuserpanorama wie eine offene

Arena mit steigenden Steinstufen einem einzigen Blick auf; Bild um Bild, Teil um Teil, Prospekt nach Prospekt blättert sich Rio de Janeiro auf wie ein Fächer, und gerade dies macht die Einfahrt so dramatisch, so unablässig überraschend. Denn jede der einzelnen besiedelten Buchten, deren Summe erst ihren Strand ergibt, ist durch Bergketten getrennt – es sind gleichsam die Rippen des Fächers, die hier jedes Bild vereinzeln und doch zusammenhalten. Endlich zeigt sich der geschwungene Strand, bezaubernder Anblick: eine weite Strandpromenade, von den Wogen ständig beschäumt, mit Häusern und Villen und Gärten, deutlich unterscheidet man schon das Luxushotel und ansteigend die Hügel empor die waldumrandeten Villen – aber Irrtum! Es ist nur der Strand von Copacabana gewesen, einer der schönsten der Welt, nur eine neue Vorstadt, nicht die eigentliche Stadt. Noch muß man den Pão de Açúcar, den Zuckerhut, umsteuern, der den Blick sperrt, dann erst sieht man die Stadt in der Bucht, dicht und weiß vorblickend zum Strand und wirr sich auflösend in die begrünten Höhen. Man sieht die neuangelegten Strandgärten und den Flugplatz, der eben dem Meer abgewonnen war: gleich wird man landen und seiner Ungeduld Genüge tun. Aber nein! Es war wiederum ein Irrtum und dies nur die Bucht von Botafogo und Flamengo, nochmals muß das Schiff weiter steuern, noch ein anderes Blatt dieses göttlichen, in allen Farben leuchtenden Fächers aufgeblättert werden, noch muß man vorbei an der Marineinsel und jener kleinen mit dem gotischen Palast, wo Kaiser Pedro zwei Tage vor seiner Absetzung ahnungslos den letzten Ball gegeben. Und jetzt erst grüßen die Turmhäuser, eine einzige vertikale Masse, jetzt erst zeigen sich die Docks, jetzt erst kann das

Schiff anlegen und man ist in Südamerika, ist in Brasilien, ist in der schönsten Stadt der Welt!

Diese einstündige Einfahrt in Rio ist ein Erlebnis einziger Art und in ihrem unwiderstehlichen Eindruck nur jener in New York zu vergleichen. Aber New York grüßt härter, energischer: wie ein nordischer Fjord wirkt es mit seinen aufgetürmten eisweißen Kuben. Manhattan ist ein männlicher, heroischer Gruß, der steil aufgestoßene menschliche Wille Amerikas, ein einziger Ausbruch zusammengefaßter Kraft. Rio de Janeiro aber bäumt sich einem nicht entgegen – es breitet sich auf mit weichen, weiblichen Armen, es empfängt in einer weit ausgespannten zärtlichen Umarmung, es zieht an sich heran, es gibt sich mit einer gewissen Wollust dem Blicke hin. Alles ist hier Harmonie, die Stadt und das Meer und das Grün und die Berge, all das fließt gewissermaßen klingend ineinander, selbst die Hochhäuser, die Schiffe, die bunten Lichtplakate stören nicht; und diese Harmonie wiederholt sich in immer anderen Akkorden: anders ist diese Stadt, von den Hügeln gesehen, und anders vom Meer, aber überall Harmonie, gelöste Vielfalt in immer wieder völliger Einheit, Natur, die Stadt geworden ist, und eine Stadt, die wie die Natur wirkt. Und vieldeutig und unerschöpflich, großartig und großmütig, wie sie einen empfängt, weiß sie einen zu halten; von der Stunde der Einfahrt an weiß man schon, das Auge wird nicht müde werden und der Sinn nicht satt an dieser einzigartigen Stadt.

Alexander L. Kielland

Das Meer*

Nichts ist so geräumig wie das Meer, nichts so geduldig. Auf seinem breiten Rücken trägt es gleich einem gutmütigen Elefanten die kleinen Wichte, welche die Erde bewohnen, und in seiner großen, kühlen Tiefe hat es Platz für allen Jammer der Welt. Es ist nicht wahr, daß das Meer treulos ist, denn es hat niemals etwas versprochen: ohne Ansprüche, ohne Verpflichtung, frei, rein und unverfälscht schlägt das große Herz – das einzig gesunde noch in der kranken Welt.

Und während die Wichte hinausstarren in das Meer, singt dasselbe seine alten Lieder. Viele verstehen es eben nicht; aber niemals verstehen es zwei auf dieselbe Weise. Denn das Meer hat ein besonderes Wort für jeden Einzelnen, der sich ihm gegenüber Aug' in Auge stellt.

Es lächelt in kleinen, blanken, grünen Wellen die barfüßigen Jungen an, welche Krabben fangen; es stürzt in blauen Dünungen gegen das Schiff und spritzt den frischen salzigen Schaum weit hinein auf das Verdeck; schwere, graue Wogen wälzen sich gegen den Strand heran, und während das müde Auge die langen, weißlichgrauen Brandungen verfolgt, spülen die Schaumstreifen in glänzenden Bogen hin über den glatten Sand. Und in dem dumpfen Laute, der entsteht, wenn die Woge zum letzten Male zusammenfällt, liegt etwas von einem geheimen Einverständnisse; jeder denkt an sich und nickt dem Meere zu, als ob es ein Freund wäre, der alles weiß und es getreu bewahrt.

Oskar Loerke

Reisetagebuch

Montag, den 20. April [1914].

Wir schwimmen auf der Schelde. Heute um acht hat das Schiff den Antwerpener Hafen verlassen. Viele neue Passagiere sind an Bord gekommen. Mehr fremde Sprachen. Eine Mulattin läuft übers Deck und macht weitausholende Gesten. Sie selbst ist drei Käse hoch, wie dick, ist unter dem schlotternden Mantel verborgen.

Bei der Ausfahrt war die lange Brücke über den Hallen ganz voll besetzt von Menschen, von denen viele winkten. Es waren aber die wenigsten Angehörige von Abfahrenden. Stolzgefühl, auf dem großen Schiff langsam hinauszuziehen. Die Musik spielte Tänze. Erst jetzt übersah ich, wie mächtig doch der Hafen ist, was sich noch alles zur Seite fortbuchtet. Ganz gut ein halbes Hundert großer Dampfer mag dort liegen, und im Hinausfahren aus der Schelde begegnet man Schiff auf Schiff. Der weitaus größte Teil ist deutsch.

Wehmut beim Zurückbleiben der Stadt. Das Wasser der Schelde ist schmutzig, es quillt vom Kiel oft fort wie graue Rauchwirbel. Klar die Ufer. In den Tagen, die wir hier liegen, sind Massen von gelben Blumen aufgeblüht. Längs der Ufer immerfort zarte Baumalleen wie aufmarschierte Soldaten. Ganz leichter Dunst, leichte Brise.

Noch immer kennen sich sehr wenige. Die alten kleinen

Gruppen, die es von Anfang an gab, sprechen noch immer untereinander.

Der Maler H., mit dem ich am gleichen Tisch sitze, zeigte einige kleine Bilder vor, italienische Landschaften, Pastelle und Ölskizzen. Am schönsten der Ätna von Taormina aus. Doch nichts wirklich Bedeutendes. Manches mit einem Beigeschmack von Kleinlichkeit. Man durfte nicht nebenbei auf das offene Meer hinaussehen.

Es ist jetzt zwischen drei und vier nachmittags, etwas neblig. Die Schiffe, die auch hier zahlreich vorbeiziehen, haben darin alle etwas Phantomhaftes: Ein zweimastiger Segler mit schneeweißem Zeug schien das Wasser nicht zu berühren. Er hatte darin etwas dem Menschlichen leicht Entrücktes. Sogar ein Frachtdampfer schwebte in einem milchigen Geschicht, darunter und davor spritzten die Schaumkämme porös ins frische Blau. Um den Horizont liegt ein Farbenstrang wie ein verblaßter Regenbogen. Das Schiff ist schon so groß, daß seine Bewegung nur langsam scheint. Erst an den anderen, besonders denen in entgegengesetzter Richtung läßt sich das rasche Gleiten bemerken.

Dienstag, den 21. April.

Gestern abend war ich recht müde. Zu früh aufgestanden. Aber bei dem angenehmen Leben hier ist jeder Zustand angenehm.

Gegen Abend kamen wir an die englische Küste. Immer wilder meldete sich ein Gefühl: Also jetzt sehe ich das. Jetzt erlebe ich dies. Stundenlang Lichter am Lande, viele Leuchtfeuer. Die Schatten und Lichter des Schiffes strichen über das sanfte, fast unbewegte Wasser. Schnurgerade

Lichtstriche, wohl kilometerlang, in gleichen Abständen zwischen den Leuchtmarken, längs der Küste. Hin und wieder auch Licht darüber.

Mittwoch, den 22. April.

Ein neuer Mann in der Kabine von Southampton aus. Ein Engländer, der nicht deutsch spricht, so wie ich nicht englisch. Wir versuchen es jeder in unserer Sprache, was etwas sehr Komisches hatte, und einigten uns dann auf französisch. Wir kommen sehr gut miteinander aus.

Des Morgens gestern einen Ausflug nach Southampton gemacht, auf einem Tender, »Her Majestic«. Southampton ist der schönste Hafen, den wir bis jetzt angelaufen haben. Viele gleichartige Schiffe vorn vor der Einfahrt verankert, sehr große zunächst, dann zierliche, ganz weiße. Dazu die schönen Ufer, zuerst ein Rasenstück flach, darüber sanfte Hänge voll schöner runder Bäume, so auf beiden Seiten. Villen, Schlösser, ein Monumentalbau, der ein Krankenhaus sein soll. In der Ecke die Stadt. Wiederum gewaltige Schiffe. Irgendwo draußen soll der »Imperator« liegen. Die Stadt freundlich, kaum ein hervorragendes Gebäude, aber auch wenig ganz schlechte. Appetitliche Geschäfte, Fleisch, halbe Rinder und ganze Hammel, Marmeladen, Obst. Kräftige, meist gut angezogene und ausgezeichnet gewachsene Menschen, schöne Mädchen. Der englische Typus, der uns immer auffällt, verschwindet wieder hinter den vielen persönlichen Spielarten. Graue Festungswerke, an denen gelb blühende Blumen, groß, kleine wie Mauerpfeffer und Efeu ranken. Forts. Das schönste an der Stadt sind die alten, gepflegten, vierreihigen Alleen und Squares mit wunderbar üppigem Rasen. Nach außen Cottages, Villen, meist mit runden Vorbauten und Schiebefenstern. Diese außerordentlich behaglich und wohnlich. Weil ich wohl zehn- oder zwölfmal sah, wie ein Mädchen einem Herrn oder einer Dame öffnete und sie empfing, machte ich diese Besuche im stillen mit. Hinter der Stadt auf leicht hügeligem Boden zwischen Rasen wieder verstreut große runde Bäume, an den Säumen der prachtvoll gehaltenen, meist asphaltierten Wege hohe Ulmen. Malerisches, niedriges Gemäuer an den Seiten, überwuchert, überblüht. In der Stadt Holzpflaster. Keine hohen Häuser, häufige Zwischenräume zwischen ihnen. Die stattlichen Eisenbahnen klein vor den Riesendampfern. An Geringfügigkeiten habe ich den Geschmack des Landes, so hier an der Form der Lokomotiven; die ich sah, trugen alle in großer Aufschrift ihre Namen, an der Form der Laternen, hier breit und platt (wie mir das schon in Holland eine Handhabe des Gefühls war), an jenen runden Vorbauten vor den Häusern. Droschkenfahrt in dieser Stadt.

Die Rückfahrt im Tender brachte Bewegung. Wir fanden ihn vollgestapelt mit Bergen von Gepäck und die doppelte Zahl von Menschen fuhr mit, meist Engländer, eine Inderin, eine Malayin mit Kindern. Fast dunstige Hitze, wie wir sie selten im Hochsommer haben. Wir wurden auf unserem Dampfer mit Marschmusik empfangen; sie ist übrigens verhältnismäßig viel besser als die Streichmusik bei der Mahlzeit.

Dann plötzlich ein Gedränge und Gewimmel. Man glaubt, man wird überhaupt nicht mehr, ohne sich durchzudrängeln, an Deck sein können, aber schon nach wenigen Stunden hat sich alles verkrochen und verlaufen. Ich weiß nicht, wo alle geblieben sind. Der Speisesaal reicht nicht mehr aus, es wird auch im Salon gedeckt. Ausgeladen wird frischer Proviant. Unsere fleißigen Chinesen tragen Hunderte von in weiße Tücher prall eingenähten Hammelschinken, Kisten voll Seefischen, von denen eine platzt, Gemüse. Die Ausladung geht in wenigen Minuten vor sich, und sofort fahren wir ab. Noch einmal zwischen den grünen Bäumen der Bucht entlang, dann hinaus auf den hellgrün gefärbten Kanal.

An der Insel Wight entlang. Kanonen und Forts wie in Southampton. Dort sehen die zugestopften Strandkanonen aber mehr wie Schmuckgegenstände aus. Ackerstreifen. Üppige Bäume wiederum. Es überträgt sich irgendwie der Duft einer großen Fruchtbarkeit. Dann die Kreidefelsen steilauf grauweiß ins Meer. Hunderte von breitschwingigen Möwen flattern herum, umschwirren das Schiff, brausen weiß und in einem grausamen Tanz hinter einem hohen mächtigen Schiffe her. An der Spitze der Insel The Needles. Drei scharfe nackte Felsen im Wasser, der mittlere wie ein ruhendes Kamel mit abgeschlagenem Hals, umgekehrt, gegen das Land gerichtet, wie ein kauerndes Kaninchen. Obwohl nicht sehr groß, haben diese Felsen durch ihre Bestimmtheit, durch ihre entschiedene Richtung gerade von der Ecke ins Meer, etwas Großartiges. Die in flachem, scharfrandigem Bogen überwölbte, gehöhlte Küste der Felsinsel selbst ist viel höher. Dann öffnet sich der Kanal, der hier so breit ist, daß man längst keine Ufer mehr sieht, entschieden gegen ihre Steile.

Das Herz vergißt nicht, strömend wieder ein Stück seiner Heimat auf diesem Stern zu begrüßen, wenn man auch scherzend zu dem und jenem ein Wort sagt und wie sonst in dem gierigen Haufen zu dem Kaffeetisch an Bord läuft. Über den Ozean ist zu bemerken: Eine starke Dünung verläuft gegen das Schiff. Es beginnt recht stark in seiner Längsachse zu schaukeln. Die Wasserfläche ist fast unbewegt, nur bei sehr genauem Ausschauen bemerkt man zwischen breiten flachen Flächen Erhebungen. Langsam, voll Majestät kommen sie heran.

Gegen Abend ging ich mit meinem Empfehlungsschreiben des Lloyd zum Kapitän und plauderte mit ihm lange auf dem Bootsdeck. Er ist ein sehr einfacher Mann, der eine hohe Bildung auf seinen Gebieten zu haben scheint, in anderen aber ganz unbewandert ist, so natürlich die Künste. Er gesteht freimütig, von der Welt nicht viel zu kennen, wenn er auch die ganze Welt kennt. In den Häfen muß er auf dem Schiffe bleiben. Nur in Yokohama, wo es vier Tage liegt, kann er sich für drei freimachen und reist jedesmal in einem anderen Stückchen Japan, um es allmählich kennenzulernen. Mit einer herzlichen Wehmut, die auf Kämpfe oder Zerwürfnisse zu deuten scheint, erzählt er von seiner Mutter; dann, die Chinesen seien fleißige Arbeiter, sie seien schon Jahre lang an Bord, teils in der Küche, teils im Aufwaschraum. Auch Stiefelputzer. In der Heimat stiegen sie aus und schicken ihre Verwandten und Bekannten. Die fahren bis Yokohama, der Endstation, und zurück. Dort steigen wieder die alten nach ihrem Besuch in der Heimat an Bord. Eingeladen wird überall, auch Kohlen überall nachgefüllt. In Rotterdam waren wir aufgelaufen, ohne es zu merken, daher lag nach Auspumpen des Wassers das Schiff bis Antwerpen so schief. Mir soll das Innere des Schiffes gezeigt werden. Wir sind jetzt etwa fünfhundertfünfzig an Bord, darunter hundertsiebenundneunzig Passagiere zweiter Klasse, dritter Klasse fahren nur wenige. – Sehr weiter Turnsaal oben, wo Gespenster von Pferden und Kamelen maschinenhaft deren Bewegungen nachmachen. Unser Dampfer hat 8800 Tonnen und ist ein mittleres Schiff der Gesellschaft. Über die doppelt belegten Zimmer klagen alle, die ich gehört habe.

Nach dem Abendessen waren wir: Dauthendey, L., Maler H., Frau Dr. M. und ich im Kinderzimmer, weil der Rauchsalon jetzt zu klein und gar zu sehr besetzt ist. Wir haben uns ein paar Stunden gut unterhalten.

Noch einmal herunter nach dem vorderen flachen Teil des Schiffes, das dort in völliger Dunkelheit liegt, damit man von der Brücke sehen kann. Auch der Ozean eine hängende, lastende Nacht. Das einzig Vorhandene neben uns waren die weißen Fahrwellen des Dampfers, großartig gezogen, wenigstens einen Meter hoch, viele breit, in schäumenden Wülsten auseinanderpreschend. In jeder wenigstens hundert leuchtende Punkte. Feuerchen, die von unten heraufzucken. Dieses Meerleuchten weckt mir wieder den ungeheuren Begriff von unserer schaurigen Lebenseinsamkeit und der Milliarden Lebenseinsamkeiten der Wesen, die überall um uns sind, hier der Feuerträger der schwarzen Tiefe. Man überrascht in ihnen die Welt, die man vergaß. Kein unendliches Licht irgend herum, nicht viele Sterne auch, da es dunstig wird. Ab und zu ein Dampfer kommt immer vorbei. Ich sehe mir jeden an. Das triviale Wunder, übers Wasser zu fahren, verliert dann seine Trivialität.

In der Nacht gab es Nebel. Um ein Uhr fingen die Dampfpfeifen an, lange, das ganze Schiff erschütternde Signale zu schreien. Die Kabinenfenster nach dem Brükkendeck standen weit offen und die Pfeifen sind bloß zehn Meter davon entfernt. Ich fuhr erschreckt auf und schlief sofort wieder ein, nach zehn bis zwanzig Sekunden aber kam wieder ein Schrei. Ich schlief sofort wieder, und so eine ganze Weile. Dann gewöhnte ich mich daran wie wunderbarer Weise an allen Lärm hier an Bord und erwachte nicht mehr. Des Morgens ein schönes Bad in warmem Seewasser genommen, an Deck promeniert und gesehen. Der Horizont erhebt sich langsam über die Reling, bleibt ein Weilchen und sinkt dann wieder zurück. Heute früh Wolken am Himmel, zum ersten Mal auf der Reise. In grauen Streifen, so daß auch der Ozean grau und ernst war. Aber während ich auf dem Bootsdeck auf einem Kabeltau zwischen zwei Rettungsbooten sitze, sinkt es von oben herunter. Gütige Hände streuen Indigo ins Meer. Nur noch unten am Horizont lasten grauweiße Streifen, oben flattert ein wenig weißes Ziegenhaar. Die Luft war auch in der Nacht ziemlich weich, jetzt durchwärmt sie noch die Sonne. Ich glaube schon den Süden zu spüren. Wir sind mitten im Golf von Biskaja. – Die Begegnungen an Deck zwischen den meisten wie unter Fremden auf der Straße. Wir sagten gestern im Scherz: Wir gehen noch auf die großen Boulevards.

Donnerstag, den 23. April.

Es wurde gestern bis an den Abend klarer. Nur kurz nachmittags breitete sich ein jäher Nebel aus. Weiß, gestaltlos zog es sich hinter dem Schiffe zusammen. Manchmal schwarz wie ein schwarzer Kern ein anderes Schiff darin, wie etwas, was zugehörig sich darin bewegte. Das Wasser war perlgrau bis schwarz. Die Temperatur sank so, daß man ganz gut einen Mantel gebrauchen konnte. Der offene Ozean wurde bis zum Abend immer spürbarer. Die breiten Dünungsflächen bei scheinbar unbewegter See rückten in atmenden Abständen immer wieder heran und hoben das Vorderteil und Heck wohl ganz gut einen Meter hoch. Heute, da wir aus dem Golfe heraus sind, ist es weit ruhiger, eine Bewegung knapp spürbar, allerdings ist die Faltung der Oberfläche weit größer.

Nach dem Abendessen war das Heraustreten an Bord überwältigend. Die Kuppe des Himmels hatte sich völlig geklärt, in einer zinnoberroten Lache stand groß der Abendstern, und über dem Meere waltete ein schwarzer, undurchdringbarer Dunstgürtel. In überstürzender Eile kamen die Sterne, voll und sehr hell. Der Orion watete mit dem einen Beine tief in jenem Dunste. Hinter ihm her ging der Sirius auf und warf einen breiten, intensiven Widerschein über das Wasser. Ich stand mit dem Kapitän an der Reling, wir sprachen. Es sei schlechtes Wetter nicht ausgeschlossen. Die Sterne stünden so tief herab. Dagegen spräche aber der breite Schaum ums Schiff, der bliebe. Bei Aussicht auf Witterungsumschlag verliefe er sehr schnell. Etwas später begann das Meer zu leuchten. Sah man dicht neben dem Buge hinab, so schwammen da wilder die eingestreuten Funken, die etwas ferner aufkommenden Wellen waren wie Quecksilber. Wir gingen auf das Hinterteil des Schiffes. Die große Rudermaschine lag in ihrem Haus mit vergitterten Türen im gelben Schein von ein paar Glühbirnen, röchelte und polterte und warf ihre großen, mathematischen Stiele hin und her, nach Öl duftend, manchmal quoll ein leichtes Rauchwölkchen heraus. Draußen aber hing die Sternentraube tief über das Gestänge und das Heck hob sich sehr hoch und senkte sich tief. Eine breite, quirlende, silberne Straße verlief dahinter gegen die Milchstraße zu, phosphoreszierend und mit jenen Goldflittern untermischt. Ab und zu die Lichter eines Schiffes. Oben die Straße des schwarzen Rauches in der Milchstraße, aber die Sterne, die hellsten wenigstens, blieben dennoch.

Der Kapitän erzählte, es sei noch ein Schriftsteller, Deutscher, an Bord, ein Fräulein G. in der zweiten Klasse, außer Dauthendey und mir. Morgen solle das Schiff gezeigt werden.

Bei Tisch die sentimentale Musik: Du mein schönes Sorrent, usw. Sieht man auch durch die Fenster auf das Meer, man vergißt es doch.

In der Nacht war es ganz lau. Nach dem warmen Seewasserbade herab. Im Sonnenschein ganz nahe standen die spanischen Berge. Wir waren vor Kap Finisterre. In herrlichen Linien verlaufen die Berge, mäßig hoch, die Ausläufer der Pyrenäen, Galicien. Selig hellgrüne bis hellblaue Flut davor, Möwen darüber, Sonnenduft, Wärme. Die Möwen, ohne mit den Flügeln einmal zuzuschlagen, streifen die Höhe des Bergzugs herunter, bedecken mit gebreiteten Flügeln zwei, drei Kuppen. Hier ist das Meer ein Tanzsaal für selige Geister. Seine Tiefe an dem Morgen 1200 Meter, am Mittag 2600 Meter, und gegen Abend werden wir 3600 Meter Wasser unter uns haben. Man möchte schwindlig werden, wenn man es sich deutlich vorstellte.

Der Himmel war wolkenlos, durchsichtig grün, erst beim Einbrechen des vollen Tages hob sich über dem Gebirge eine Wolke auf und wurde dann eine flaschengelbliche Reihe. Die tanzenden Wellen, die sich gegen die Sonne neigen und beugen, sind in ihrem Aussehen eine Sonne selbst.

Von zehn bis Mittag Führung durch das Schiff vom Ersten Offizier. Interessant aufs Äußerste. Alle Schiffe wachsen nach unten. In den verschiedenen Lichtern wächst und schrumpft es natürlich, von äußerem Gesicht zu seiner inneren Vision.

Etwa die Luftzieher, die in den unteren Räumen münden, scheinen des abends und nachts aufgeschossen wie die Spargel und schrumpfen in der Helle. – Das oberste Deck, das nichts enthält, über der Brücke, es weist rund über das Meer. Davor liegt das Brückendeck. Die Brücke selbst mit dem Kompaß, wo ohne eine Sekunde Ruhe ein Matrose das Ruder dreht. Die Deklination durch Eisenkugel aufgehoben, groß, rechts und links unten. Die Nadeln der Rose ein schwebendes Spinnengewebe. Alle Teile drei Meter im Umkreis aus Messing. Kartenschrank und Kartenzimmer, eine von unserer spanischen und portugiesischen Küste, sehr genau, mit Glashalbkreis und Quadrat beschwert, mit dem Zirkel daneben, auf einem Tisch ausgebreitet. – Hinter der eigentlichen Brücke, die mit Teppichen wohnlich ausgelegt ist als ein rechter Thron über dem Meere, nach Zimmer für den Kapitän und den Ersten Offizier, rechte Villen. Der Erste Offizier fürchtete in halbem Scherz, daß der Wind sie einmal fortführt. Also von hier die Herrschaft über das Schiff und die 204 Mann Besatzung. Darunter dann das Bootsdeck. In der Mitte Wohnungen des Kapitäns und der Offiziere sowie eine Reihe Kabinen zweiter Klasse, so auch die meinige, Bäder, Toiletten. Darunter das Promenadendeck. Herum um die Reling breite Wege, etwa vier Meter im Durchschnitt im Mittelbau. Darin vorn die Gesellschafts- und Schreibzimmer, in der Mitte das schöne Kinderzimmer mit Kinderfries oben, Ledersofas an den Wänden, am anderen Ende das Rauchzimmer. Dazwischen Wohnungen und Bäder. Dann ein Zwischenraum vorn und hinten, dessen Deck das Hauptdeck ist und mit Schnabel und Heck des Schiffes wieder aufbaut bis zur Höhe des Promenadendecks vorn dritter Klasse. Unter dem Promenadendeck vom Hauptdeck. In der Mitte wieder Wohnungen erster Klasse, darunter zweite Klasse ebenso fast eingerichtet. Auch die Matrosenwohnungen, für viele eingerichtet, sauber, die Betten viel breiter als auf meinem Fischdampfer. Logis für die Chinesen, das dunkelste und unbequemste von allem, was ich sah. Nichts aber traurig und trostlos. Das Schönste sodann ist die Maschine, die große Halle. Mit eisernen Treppen und Galerien, durch vier Etagen riesenhafte, aufrechte Zylinder hinter ihren Gittern, ganz hoch hinauf die Ausläufer. Kolben steigen dort sicher auf und ab. Die Tourenzahl Telegraphen. Eismaschine, Lichtmaschine. Die massige ungeheure Wucht der Kolben und ihrer weißen Glieder. Die Welle so dick wie mein Körper. Alles blitzt. Herrlich. Man bewundert und bewundert. Darunter Kessel und Heizräume. Temperatur nur 22 Grad Celsius. Kohlenbunker. Laderäume. Die Ladeschächte gehen zwischen dicken Eisentüren in der III. Klasse durch, jetzt ganz zugedeckt. Zu denken, wie die Reihen von Schinken und Wurst hier weit unter dem Wasserspiegel durch diesen herrlichen Ozean getragen werden.

Selig blaues, fast violettes Meer, wo die Sonne nicht gerade hinunterscheint. Unter der Mitte bohrt die Sonne ein großes goldenes Trichterloch hinunter. Jetzt ist die spanische Sonne sehr fühlbar; steht man an der Reling, ihr ausgesetzt, so kann man es nicht mehr sehr lange ertragen.

Und selbst noch bei den zurückgerückten Deckstühlen wird man wunderbar gebraten. Ich fühle mich unendlich froh und glücklich. Wir sind jetzt mitten vor Portugal. Schon viele weiße Beinkleider an Deck, ausgezogene Jakken, leichte Blusen. Es werden jetzt viele Deckspiele gespielt.

Der Himmel wieder ganz wolkenlos, die Sonnenhälfte weiß mit durchscheinendem Blau, die andere völlig blau. Gegen Abend das Meer tiefviolett-blau. Der Himmel sinkt immer tiefer in sich hinauf. Auch in der Dunkelheit bleibt die Wärme da. Ohne Kopfbedeckung oder gar Überzieher kann ich auf Deck spazieren gehen. Auf dem Bootsdeck sieht es phantastisch aus. Die großen Luftzieher stehen wie schwarze aufgeblühte südliche Blumen vor dem heute blasseren Sternenhimmel. Neue Bilder oben. Dauthendey sagt, das eine sei das kleine südliche Kreuz. Von der portugiesischen Küste leuchten jetzt zwischen elf und halb zwölf mehrere Blinkfeuer. Die fahrenden Feuer vor ihnen. Es gibt keine Zeit, in der man nicht wenigstens ein Schiff irgendwo sähe. Gegen neun wurden Sägespäne gestreut und bis elf war Tanzkränzchen an Deck. Es ist immerhin achtzehn bis zwanzig Meter breit, also etwa sechs bleiben für den Tanz frei. Die graziöse junge Amerikanerin war beim Tanzen nicht so anmutig wie sonst. Die älteren dicken, großen tanzten am meisten.

Ich war im Rauchzimmer mit Dauthendey, L., den beiden Moskauer Advokaten, von denen der eine ausgezeichnet deutsch, französisch, englisch spricht wie Muttersprachen, und zwei Holländern aus Java, der eine groß, grob, und der Jüngere intelligent, das trockene, gewissermaßen grausam pfiffige holländische Gesicht, Arzt. Der andere

Kleinere auch sehr holländisch, nun wohl an zwanzig Jahre Leben drüben, auch malaiisch in den Augen, Pflanzer. Sie sprechen auch gut deutsch und erzählen viel von Java. Der Arzt etwas zu bewußt und zu verarbeitet, mit großer Wachheit der Beobachtung und allem Eingeheimsten, das der Verstand geben kann, der andere künstlerischer, mit der Freude des Gefühls an den fremden Dingen, die das fremdeste auch zu Eigenem macht, ohne es in seiner pflanzenhaften Vorhandenheit zu verletzen.

Freitag, den 24. April.

Heute die Sonne wohl warm und man möchte sagen, der Himmel grünt, aber es weht und weht, daß man auf dem Vorderteil des Schiffes kaum atmen kann. Trotzdem werden die Wellen nicht sehr hoch, allmählich höhlen sie sich und kommen in breiten zerklüfteten Zügen. Hellgrün, durchsichtig das Meer in der Ferne, schwarzgrün nah, in besonnten Gegenden selig blau. Das Schiff bewegt sich lange nicht so stark wie bei der Dünung im Golf von Biskaya, weil es doch einen Tiefgang von achteinhalb Meter hat, dagegen die vielen kleinen Fahrzeuge, die an uns vorüberkommen, manche wie Schaukeln. Ein Küstensegelschiffchen, rot angestrichen mit schmutzig-grauen Segeln, taumelt nach allen Richtungen, der Kopf tunkt sehr tief, umspült weiß, atembeklemmend zu sehen, doch nur minutenlang, dann ist die Gesetzlosigkeit Gesetz geworden. Unser Dampfer drückt hohe weiße Brandungswellen beiseite, es sprüht manchmal, wenn sie sich mit ankommenden Seitenwellen begegnen, sechs bis zehn Meter hoch. Ich habe verschiedene Ausläufer über den Schädel bekommen. Hügel von

Wasser ballen sich und drücken sich seitlich davon. Oft fliegt hinter dem Schiff eine Möwe über ihnen, als gebären die nassen Krater sie. Tausende Schaumkämme. Und doch ein so seliger Himmel, daß man an ihm die Wildheit unten vergessen kann. Vor dem Buge, an der Windseite, springen unablässig große goldbraune Fische aus dem Gischt und verschwinden in langen eleganten Sätzen mit dem Kopf voran. Auf der anderen entstehen Hunderte und Tausende der reichsten Regenbogen in feinem Schaum, manchmal auch weiter im Meere draußen, immer neu, immer dahin. Die Zerklüftung der Wellen wie auf alten holländischen Bildern.

Ich habe heute die köstlichsten Landschaften gesehen, die portugiesischen Küsten bei Cap Vincent. Felsküste steil ins Meer, goldbraun zum hellgrünen Himmel und glasgrünen Meer davor, etwa zwei Häuser hoch. Unten Zerklüftung, ausgewaschene tiefe Höhlen führen schattenhaft hinein, alles ganz nackt, nur in Abständen ringt das Brandungsgespenst dahin hoch empor, mechanisch fast, immer wieder. Oben ein Leuchtturm und blendend weißes spanisches Haus, weiterhin weiße Festungsanlagen, kilometerweit gleichmäßig oben abgeschnitten und senkrecht. Kein Mensch, kein Tier zu sehen, überall unten silberige Brandungsstreifen, ab und zu sehr hoch spritzend. Wechselnde, ganz herrliche Farben auf dem Meere, schwarz, blau, grün. Der Himmel grün, rötlich dazwischen, nur in ganz fernen Höhen blau. Und dann wieder hinaus in das Ferne, wo nichts ist als das Wasser. Es rauscht heute sehr, von der Schraube spürt man nichts. Nur ein regelmäßig zählendes Knacken läuft mitunter durch das Holz.

Sonnabend, den 25. April.

Vor dem Abendbrot mit meinem Spanier gesprochen. Es ist doch ein Menschenerlebnis, wenn man auch nichts von Belang redet. Er ist heute ausgestiegen in Gibraltar, aber nach der Rückkehr ist schon wieder einer in der Kabine. Das ist ganz furchtbar. Jeder sollte dafür sorgen, das abschaffen zu helfen. Als ich nach dem Ankleiden an Bord kam und über die Reling sah, kam ganz dicht ein Walfisch vorübergeschwommen. Das ist hier nicht häufig. Mit einem stampfend explodierenden Schnauben stieg die Wassersäule in die Höhe, nach einer Weile wieder und nochmals. Er bewegte sich sehr schnell. Manchmal verbargen ihn die aufgeregten Wellen. Der Wind zauste in der Nacht am Takelwerk, die Wellen brüllten manchmal auf. Hoch vor den Fenstern des Speisesaals hatte man beim Essen den Schaum spritzen sehen. Gespräch im Kinderzimmer, nachts Orion und Sirius. Lange betrachtet. Leuchtfeuer ganz fern.

Heute beim Morgenrot liefen wir in die Bucht von Algeciras ein, der blaßblaue und der graue Felsen von Gibraltar war mit sanften Lichtern hoch hinaus besteckt, aus der Stadt und den Kasematten. Alles ganz still und in Frieden, nur das Meer brauste noch aufgeregt, bis wir wirklich in der Bucht lagen. Rasch angekleidet und an Deck, auf der anderen Seite, schon in Sonne, vielfach gegipfelte Hügel, dunstig, blaßblau, darüber Wolkenreihen, die intensiver und materieller waren als diese Hügel, und unten spanische Städte; das weiße Häuserhäufchen, das Algeciras heißt. Näher eine kleinere Stadt noch. Der Fels, obschon der Himmel wie nach nordischer Weise mit vereinzelten Wolken bezogen ist, eine edle und fremde Form. Es teilt sich mit, daß hier Süden ist. Sehr früh kommt der Tender »Grille« und holt uns für zwei Mark hin und zurück, was reichlich ist, gar drei für das verdammte Cooksche Reisebüro, kann einen ärgern. Ein Stückchen gefahren in einem eklig überdachten Wagen, dann das übrige doch zu Fuß. – Gibraltar mit seinen Pflanzungen an den Hängen des Felsens hinauf für mich ein Paradies. Entzücktes Staunen überall. Von fern sieht es herrlich aus, wie in einer verknautschten Zickzackmauer den Berg hinan, unterbrochen von einem alten Kastell, die Stadt geklebt ist, ein Viertel bis ein Drittel etwa den Felsen auf. Ich sehe schon von weitem am Laub, andere Bäume als die nordischen bewalden ihn. Graue Höckerchen, Häufchen, dazwischen hellgrauer Fels. Die Stadt hat viele gelbe Häuser, blendet nicht in der Sonne. Wir kommen noch in der Morgenkühle an. Etwas wie Unsicherheit, etwas wie Schweben und noch nicht Vorhandensein in meinem Staunen. Durch weißgraue Festungstore begleitet von Leuten, die ihre Fuhrwerke anbieten und Blumen verkaufen wollen, von Leuten mit scheußlichen Ansichtskarten, für Marokko gleich mit. Gleich hinter den schönen grauweißen Festungstoren, viele Soldaten wimmeln da (Garnison beträgt fünftausend), gelbbraun, und rote Jacken, strammer als Preußen vor ihrem Schilderhaus marschierend, schöne Leute, gleich hinter den Toren Stände der arabischen Kaufleute für Geflügel und Eier, auf der anderen Seite für Fleisch. Tiefbraun gebrannte Spanier. Dann durch die enge Hauptstraße mit vielen Nebenstraßen. Ich habe einen Zettel aufgehoben, orientalische Waren: Vasen, Teppiche, spanische Stickereien, japanische Elfenbeindolche, oder Imitationen. Enge, saubere Höfe, wie überhaupt alles von sehr großer Sauberkeit war. Die Blumen scheinen nicht aus Gärten, sondern irgendwo im Freien, in den Anlagen gepflückt. Manchmal Frauen, die einen vollen Blumenkorb auf dem Kopfe tragen, der breit auslädt, sie gehen sicher und stolz und stützen den Korb nicht mit den Händen. Die Deckenstickerei- und Blumenhändler treten an einen heran, begleiten oft weit und preisen an, alle zuerst englisch, dann manchmal in einem Kauderwelsch, das am Ende ein ganz verstümmeltes Deutsch ist, hin und wieder auch französisch. Die Waren kosten drin in der Stadt 20 Schilling oder Mark, weiter nach der Festung 15, bei den Wällen nur noch 5, am Hafen schließlich eine. Das Boot ist umschwärmt von kleinen Kähnen, in denen die Decken und Mantillen ausgebreitet werden und unter Reden, aber nicht unangenehm aufdringlich, angepriesen werden. Nahe Menschlichkeit, die mir äußerst wohltut. Ruppige Pferdchen, klein, mit vielen Decken. Was aber unendlich schön ist, das sind die Hunderte von Maultieren und Eseln, die klug und hilfsbereit die breiten Lasten tragen, niedrig genug, daß man sie sieht und die so gescheit und aufmerksam bei ihrer äußeren Ruhe durch die Straßen gehen. Die Treiber meist daneben, manchmal darauf. Die Araber hohe, schöne Gestalten, weiße oder braune Gewänder, Turbane, nackte Beine und Sandalen. Auch hier die meisten sauber. Es war für mich eine Märchenwelt. Ich erstaune nicht über das Fremde, sondern über die netten adretten englischen Mädchen dazwischen, die alle das Haar in zwei Zöpfen trugen.

Völlig märchenhaft wurde es in den Anlagen hinter der Stadt den Berghang hinauf. Er ist viereinhalb Kilometer lang und etwas über vierhundert Meter hoch, hat eine schöne Gestalt überall, steigt steil auf. Gitter und Befestigungen, nochmal ein Haus zu militärischem Zweck gewiß oben, im untersten Drittel aber das Paradies. Ich sah zum ersten Mal in der Morgenkühle und mit den duftenden Schlagschatten die fremden Bäume. Viele helle Pinien, Zedern, Feigen, Ölbäume, Cyntien, zwei Mann hoch, Gummibäume, Kaktusbäume, fast zwei Stockwerke, Johannisbrotbäume, Palmen, dazwischen Akazien, üppig, blühend, jetzt im April, die bei uns im Juli kaum halb so blühen. Darunter ein Gewirr von reichfarbigen Blumen, Scharen von Geranien, brennend, sehr hoch und breit, Heliotrophecken, zwischenein Kamillen, riesige Kallas. Schwärmerische, aber nicht aufdringliche Düfte mit dem sofortigen Gefühl aufgenommen. Das ist nicht gewollt und von Mühe der Dank, sondern so treibt es, so ist es. Unsere sommerlichen Vogelstimmen. Das alles steil geneigt nach oben, große Flächen faßbar. Alles ist durchsichtig, in reinen entschiedenen Linien steht es im Klaren, der Berg darüber, das selige Meer mit Schiffen, mit Bläue und dunstigen Hügelzügen der schönen Bucht. Die Gegend bei dem Haufen versteinerter weißer Vögel, die Algeciras ist, das gegenüberliegende Ufer seiner Bai ist verloren in gelbblauen Wolken, die auf den Höhen wie riesenhafte Weidenkätzchen liegen und weit vorgeneigt das Land in sich nehmen wie einen Kern in glasiger Frucht. Ein unendlicher Friede der Üppigkeit. Am Aufgang ein wunderschöner Friedhof. Zwischenein auf den breiten schönen Terrassenwegen begegnet man wieder den Eselchen. Die Menschen waren mir durchweg angenehm. Wo sie mich ansprachen, belustigten sie mich doch nicht. Von den ersten Schritten an war die Wehmut da, Abschied nehmen zu müssen, hier nur gemildert durch die Unwahrscheinlichkeit, durch jenes Nochnichtdasein in der neuen

Welt. Noch einmal durch die nun wärmere, hübsche Stadt. Rückblick von den ernsten Wällen hinauf, hinauf. Genuß des Auges und der Seele. Zurück zum Schiff. In einem Restaurant am Hafen saßen spanische Spieler, von denen der eine ein hohes Türmchen Silber neben sich hatte, an der kleinen Wand zwischen den beiden Türen saß ein vermickerter malariakranker Stiefelputzer. Hier kommen ab und zu Ansichtskarten- und Blumenhändler. Ein großer Korb voll Blumen, breit, der bei uns wohl 15 Mark kosten mag, ist jetzt für 4 oder 3 Mark zu haben.

Wir fahren mit dem Tender ans Schiff, Musik empfängt uns und die neuen Passagiere auf der »Goeben«. Die Bouillon und das Brötchen darauf tun sehr wohl. Gleich wird losgemacht. Um halb elf gehen wieder die Schrauben. Wir fahren jetzt um das Vorgebirge. Nach Ost und Süd fällt es fort, senkrecht und ganz nackt ins Meer. In der Mitte, wo Sandhänge sind, ist dagegen eine riesige schiefe Betonebene angelegt. Von der höchsten Spitze wird gerade scharf geschossen aus den Geschützen größeren Kalibers, deren es welche in der Stadt und den Anlagen überall gibt. Sogar ein Prellbock ist ein eingegrabenes Kanonenrohr. Der Berg blitzt Feuer in den blaßblauen Himmel, nach einem Weilchen quillt Rauch, nach vielen Sekunden schlägt das Geschoß ins Meer, wobei ein dicker Strahl Wasser aufschießt, und noch später kommt der kurze, dicke, tückische Knall. Alle Geschosse fielen ziemlich weit von dem verankerten Zielboot nieder. Der Himmel hat Reihen von weißlich gelben Wolken, oben Streifen. Erst allmählich klären sie sich. Das Wasser ist schwarzgrau, weiterhin so als wäre eine graublaue Seide darunter. In der Nähe des Schiffes quirlt es wie immer mineralisch.

Jenseits wird Afrika sichtbar, in Dünen begraben, weißlichblau. Die Meerenge ist an der schmalsten Stelle doch noch 15 Kilometer breit. Nicht weit, schrägüber von Gibraltar, ragt ein Vorgebirge, das ganz ähnlich dem von Gibraltar geformt ist. Nach einer Stunde ist es in Ferne und milchigem Luftgetriebe verschwunden.

Auf der europäischen Seite wird die spanische Sierra Nevada sichtbar, häufige Gipfel, eine Versammlung von Bergen im Himmelssaal, oben in den Schluchten ziehen sich Schneerinnen und -streifen herunter.

Der Himmel wird sehr licht, weichblau. Das Meer auch, kleine Wellchen, die Farbe ist hineingestreut und hat sich leicht gelöst, das Wasser ist leichter, beides nicht so schwer materiell wie im Atlantischen Ozean. Auch hat die Kühle nun um den Mittag aufgehört. Es ist gut hier weilen.

Meerumschlungen

Friedrich Nietzsche

Nach neuen Meeren

Dorthin – *will* ich; und ich traue
Mir fortan und meinem Griff.
Offen liegt das Meer, in's Blaue
Treibt mein Genueser Schiff.

Alles glänzt mir neu und neuer,
Mittag schläft auf Raum und Zeit –:
Nur *dein* Auge – ungeheuer
Blickt mich's an, Unendlichkeit!

Joseph Roth

Marseille

Ich sehe vor lauter Mastbäumen nicht das Meer. Es riecht im Hafen nicht nach Salz und Wind, sondern nach Terpentin. Öl schwimmt an der Oberfläche der See. Boote, Barken, Flöße, Fußböden sind so eng nebeneinandergepflastert, daß man trockenen Fußes durch den Hafen spazieren könnte, wäre nicht die Gefahr, in Essig, Öl und Seifenwasser zu ertrinken. Ist hier das unermeßliche Tor zu den unermeßlichen Meeren der Welt? Das ist vielmehr das unermeßliche Magazin für die Bedarfsartikel des europäischen Kontinents. Da sind Fässer, Kisten, Balken, Räder, Hebel, Bottiche, Leitern, Zangen, Hämmer, Säcke, Tücher, Zelte, Wagen, Pferde, Motoren, Autos, Gummischläuche. Da ist der berauschende kosmopolitische Gestank, der entsteht, wenn tausend Hektoliter Terpentin neben tausend Zentnern Heringen lagern; wenn Petroleum, Pfeffer, Tomaten, Essig, Sardinen, Juchten, Gutapercha, Zwiebeln, Salpeter, Spiritus, Säcke, Stiefelsohlen, Leinwand, Königstiger, Hyänen, Ziegen, Angorakatzen, Ochsen und Smyrnateppiche ihre warmen Dünste ausatmen; und wenn schließlich der klebrige, fette und lastende Rauch der Steinkohle alles Tote und Lebende umhüllt, alle Gerüche eint, alle Poren tränkt, die Luft sättigt, die Steine umflort und endlich so stark wird, daß er die Geräusche dämpfen kann, wie er längst schon das Licht gedämpft hat. Ich habe hier die Grenzenlosigkeit des Horizonts erwartet, die blaueste Bläue des Meeres und Salz und Sonne. Aber das Meer des Hafens besteht aus Spülwasser und riesenhaften graugrünen Fettaugen. Ich besteige einen der großen Passagierdampfer und hoffe, hier einen leisen Duft jener Fernen zu erhaschen, die das Schiff durchfahren hat. Aber hier riecht es wie zu Hause vor Ostern: nach Staub und gelüfteten Matratzen; nach Lack für die Türen; nach feuchter Wäsche und Stärke; nach angebrannten Speisen; nach geschlachtetem Schwein; nach gesäubertem Hühnersteig; nach Schmirgelpapier; nach einer gelben Pasta für Messing; nach einem Mittel für Ungeziefer; nach Naftalin; nach Bohnerwachs; nach Eingemachtem.

In dieser Stunde stehen mehr als siebenhundert Schiffe im Hafen. Das ist eine *Stadt aus Schiffen.* Die Bürgersteige bestehen aus Booten, und die Straßenmitten aus Flößen. Die Einwohner dieser Stadt tragen blaue Kittel, braune Gesichter und harte, große schwarzgraue Hände. Sie stehen auf Leitern, streichen die Rümpfe der Schiffe mit frischem braunem Lack an, tragen schwere Eimer, wälzen Fässer, sortieren Säcke, werfen eiserne Haken aus und angeln Kisten, drehen an Kurbeln und ziehen auf eisernen Rollen Waren in die Höhe, polieren, hobeln, säubern und verursachen neuen Mist. Ich möchte zurück in den alten Hafen, wo die romantischen Segelschiffe stehen und die knatternden Motorboote und wo man die frischen, triefenden Muscheln verkauft, das Stück zu dreißig Centimes.

Ich habe ein Boot gemietet, aber wir können uns nicht bewegen. Unsere Ruder sind eingeklemmt wie die Arme eines Passagiers in einer überfüllten Straßenbahn. Wo immer wir uns auch hinwenden, wir stoßen an Holz, an Barken, an Fässer, an Ketten, an diese großen, klirrenden und rostigen Ketten, die in den modernen Meeren wachsen. Es ist keine Gefahr. Wir können nicht ertrinken. Auf diese dicke Ölschicht können wir uns auch ohne ein Boot wagen. Aber wir können erdrückt werden zwischen zwei hölzernen Bürgersteigen, die einander langsam, aber unerbittlich nahe kommen, um sich zu einem großen Holzplateau zusammenzuschließen. Also winken wir, obwohl uns niemand sieht, rufen wir, obwohl uns niemand hört, entgleiten wir diesem Chaos einer großartigen Ordnung und retten wir uns zu den Gefahren der offenen See und der wilden Wogen.

Ich habe hinter mir den eintönigen Gesang des Wassers, vor mir schon den bunten der Stadt und über mir eine große Wolke aus Lärm.

Ich liebe den Lärm von Marseille, voran reiten die schweren Glocken der Türme, stürmen die heiseren Pfiffe der Dampfer, aus blauen Höhen tropft die Melodie der Vögel. Dann kommt der ganze Heerbann der Alltagsstimmen, die Rufe der Menschen, das Tuten der Gefährte, das Klirren der Geschirre, der Schall der Schritte, das Klopfen der Hufe, das Gebell der Hunde. Es ist ein Festzug der Geräusche.

Langsam lösen sich aus dem Weiß des Stadtbilds die grauen Streifen der Gassen, das Zickzack gekrümmter und hastiger Treppen, die Gestalten der Menschen, die bunten Wäschefahnen über der Straßenmitte, die braunen Bottiche vor den Türen, die schmalen Bänder rinnenden Schmutzes, die grauen Zelte der Straßenhändler, die dunklen Berge der Muscheln, die bunten Schilder der Läden, die goldenen Fenster, in denen die Sonne schwimmt und das samtene

Grün der Bäume. Ich liebe die schöne, bewegte, müßige und zwecklose Geschäftigkeit in den Straßen. Die meisten Menschen gehen nicht ihren Pflichten nach, sondern neben den Pflichten. Der exotisch gekleidete Fremdling, von fernen Küsten hergetrieben, reiht sich in den Gewändern seiner Heimat dem bewegten Zug der Straße ein und fühlt sich wie zu Hause. Er ändert weder Tracht noch Schritt, noch Bewegung. Er schreitet wie auf eigenem Boden, er trägt die Heimat an den Sohlen. Nichts kann so exotisch sein, daß es Aufsehen erregte. Der Bürgersteig gehört der ganzen Welt, den Passagieren von siebenhundert Schiffen aus allen Ländern.

Den Abendschnee am Hirayama sehen

An großen Masten ragen ein Dutzend weiße elektrische Bogenlampen in die Nacht. Sie beleuchten einen Landungskai im Hafen von Marseille. Wie ein langer weißer Kreideblock liegt dort ein weißer eiserner Orientdampfer mit Hunderten von runden, gelbleuchtenden Kabinenfenstern. Rot, gelb und weiß beschienene Gesichter und viele beleuchtete Hände und Arme hantieren in der Nacht auf der Plankenbrücke und um die klirrenden Ketten der Verladungskähne, wo Haufen von Koffern, Reisekörben und Reisekisten verstaut werden.

Durch die langen, schneeweißen Korridore drinnen im Dampfer eilen schneeweiß gekleidete Indier mit schwarzen Gesichtern und schwarzen Händen, aus prächtigen Küchen, in denen üppiges Kupfer leuchtet, in die prächtigen Speisesäle, die von rotem Mahagoniholz und blanken Messingsäulen, von Prunk und Gediegenheit strotzen, darinnen alles seltsam stille steht, indessen die bittere, bewegliche Seeluft durch die glühlampenhellen Räume und durch die Korridortüren wie ein unruhiges Fluidum streicht. Diese Seeluft, die in dem Schiffspalast, auch wenn er am Kai still steht, immer noch allen Räumen quecksilberhafte Ungeduld gibt, wie der Saft einer Pflanze, die man vom Wald ins Zimmer geholt hat. Ein ruhiges Schiff ist kein stillstehender Gegenstand, denn die Wanderluft, die auch im Hafen noch um seine Räume streicht, läßt es nicht schlafend und nicht tot erscheinen. Die Offiziere, Matrosen und Bedienungsmannschaften behalten auf dem ruhigen Schiff immer noch das bittere Fieber der Seeluft in der Brust, und allen erscheint Ruhe als ein Unglück und Wandern als das alleinige Glück.

Das Schiff legt nachts in Marseille an und soll morgen um neun Uhr früh seine Weiterfahrt nach Asien und Japan antreten. Die meisten Passagiere haben für ein paar Nachtstunden das Schiff, das schon aus London kommt, zu einem kurzen Aufenthalt in Marseille verlassen, um wieder einmal Abendbrot an Land zu essen, denn das Schiff ist schon seit mehreren Tagen unterwegs und hat seit London keinen Hafen angelaufen.

Jetzt neigt sich die Nacht ihrem Ende zu. Die elektrischen Lampen brennen noch, aber der Himmel wird schon blau, und Scharen von lachenden und etwas kindisch heiteren Passagieren kehren aus den Nachttheatern und Nachtcafés der Stadt zurück. Junge Leute haben rote und blaue Kinderluftballons an ihre Hüte gebunden. Damen haben sich Arme voll Blumen gekauft, Winterveilchen von der Riviera; und alle Gesichter sehen belustigt aus, als kehrten diese Menschen von einem Volksfest heim. Alle haben sie nur für ein paar Stunden mit ihren Füßen die Erde besucht, die schöne, ruhige, stillstehende Erde mit ihrem irdischen Staubgeruch, und die hat die Passagiere im Herzen so überschwenglich und warm gestimmt.

Jetzt müssen alle wieder auf die schwankenden Schiffsbretter, zurück auf das buckelige Meer, in die staublose, unirdische Seeluft, in der ihnen die Sonne noch treu bleibt, wo aber die Erde meilentief in das Wasser sinkt.

Ein blauer, lauer Januarmorgen brach an. Die Lampen

am Kai und im Schiffsinnern verloschen. Dafür zündete die Morgensonne tausend Lampen in den tausend Wellenspiegeln an, und die Messinggeländer des schneeweißen Schiffes, seine roten Schornsteine und zinnoberroten Ventilatoren leuchteten wie die künstliche Kulissenwelt eines Theaters, aufgebaut unter dem indigoblauen Mittelmeerhimmel.

Am Kai standen Verkäufer vor Bergen von hölzernen Segeltuchstühlen, die sie an die Passagiere für die weite Seereise nach Asien verkauften. An der Abfahrtshalle vor dem Telegraphenoffice drängten sich die Reisenden, schrieben auf umgestülpten Koffern, Tonnen und Kisten Telegramme, – die letzten Abschiedsgrüße aus dem letzten europäischen Hafen nach den Heimatsorten.

An den langen Geländern des Promenadendecks standen Kopf bei Kopf, Ellenbogen bei Ellenbogen. Viele kleine Kodaks knipsten und fingen das Hafenbild.

Auf der nassen Kaimauer vor der Reihe der Packträger und Verlader hatte ein Athlet einen braunen Teppichfetzen ausgebreitet. An dem einen Ende des Teppichs tanzte in gelbem Trikot und rosa Tüllröckchen seine zehnjährige Tochter und klapperte mit Kastagnetten, armselig und ungeschickt.

Auf der andern Ecke des Teppichs stand der Sohn des Athleten in blauem Trikot und spielte auf einer dünnen Violine. Auf der dritten Ecke lagen Gewichtsteine und Kugeln, und auf der vierten Ecke des Teppichs stand der Athlet selbst in schmutzig weißem Trikot und stemmte die Gewichtkugeln, Kanonenrohre und eisernen Wagenräder.

Die Schiffssirene hat bereits mehrmals ihre gellenden Abfahrtssignale gegeben. Der Athlet, die kleine Tänzerin und der kleine Geiger rauften sich mit den Packträgern um die Kupfersousstücke, die wie ein brauner Hagel vom Schiff auf den Kai regneten. Scharen englischer Clerks, die nach Indien reisen wollten und rote, whiskytrunkene Gesichter aus dem Nachtleben von Marseille mitgebracht hatten, brüllten im Chor hundert »Cheers for old England«.

Dann bewegte sich wie eine Drehbühne das mächtige Schiff vom Ufer weg. Die sich balgenden Leute am Ufer, die Landungshallen verkleinerten sich, als schrumpften sie in irgendeine Tasche hinein. Erdbilder, Felsenufer, weiße Kalksteingebirge, graue Dächerreihen drehten sich wie Bilder, gemalt auf einen Riesenkreisel, vorüber. Das Schiff schien still zu stehen, aber die Erde wurde zu einer ungeheuren Kugel, die sich unter dem Schiff drehte.

Allmählich liefen die Bilder immer kleiner, ferner und farbloser wie Nebelwische vorüber, und nun nahm der gewaltige Rausch der Seeluft das Schiff in sich auf, und das Ungeheuer, der endlose Himmel, machte die lauten Passagiere still, löste nicht nur die Erde unter den Füßen, sondern nahm auch den Gedanken jede Festigkeit und Sicherheit, machte das Blut argwöhnisch, die Füße schwankend, die Gehirne ohnmächtig.

Hunderte von Drehstühlen wurden an die Geländer gebunden, daß sie nicht von dem Seegang hin und her rutschten. Unter riesigen Reisekappen, in ungeheuere Reisemäntel und in vielfarbige und karierte Schals gewickelt, lagen die Passagiere, ausgestreckt in endlosen Reihen, auf dem weißen Promenadendeck. Die weißgetünchten Eisenwände, die sachlichen Eisengeländer, die alle gerade und senkrechte Linien zeigten, flößten Sicherheit, aber auch Nüchternheit ein, als wäre das Schiff ein riesiger, physikalischer Apparat in einem Laboratorium, als wären die Menschen Präparate, die da künstlich aufbewahrt würden, bis zur Landung an einem andern Kontinent.

Unter den Schiffspassagieren, die da in Reih und Glied in Liegestühlen auf den langen Decks lagen, als wären die Deckpromenaden Lazarette, fielen zwei Japaner auf, die von zwei deutschen Damen, einer jungen rotblonden und einer alten weißhaarigen, begleitet waren. Es waren die beiden Schauspieler Kutsuma und Okuro, die mit der Sada-Yakko-Truppe eine Europa-Tournee unternommen hatten und jetzt, getrennt von der Truppe, nach Japan zurückkehrten.

Okuro hatte sich eben erst mit einer deutschen Dame verheiratet, und diese, welche immer mit ihrer Großmutter zusammengelebt hatte, wollte sich auch nicht in der Ehe von ihr trennen. Darum begleitete die achtzigjährige weißhaarige Alte das junge Ehepaar nach Japan.

Die beiden Japaner waren europäisch gekleidet; nur ihre gelben Gesichter und ihre kleinen Figuren fielen unter den langen, rosahäutigen Engländern auf.

Ilse, Okuros junge und schöne Frau, hatte Goldglanzhaare, goldrot, wie der rote Metallglanz der Goldfische.

Sie trug ein smaragdgrünes Reisekleid und war unter allen den braunen, grauen und schwarzkarierten Engländerinnen und Engländern leuchtend wie ein Sonnenprisma. Ihre gute Laune gab ihrem Wesen die Fülle eines freigebigen Sommers.

Die Großmutter neben ihr mit dem weißen Haar, das wie ein alter Silberschmuck den Kopf umgab, lachte ebenso wie ihre Enkelin immer mit blauen Augen, und ihr Gesicht war wie ein sonniger Wintertag, frisch und lautlos.

Nie sind zwei Menschen fröhlicher und sorgenloser in die Zukunft gereist als diese beiden Damen. Okuro hatte sich ein Vermögen durch seine Tournee verdient. Ilse wußte nicht, was sie mehr an ihrem Mann schätzen sollte, die ausgesuchte Fürsorge, mit der er sie umgab, die große Anspruchslosigkeit, mit der er auftrat, oder die große Leichtigkeit, mit der er alle Schwierigkeiten lächelnd aufnahm.

Nur eines machte ihr Unruhe: sie verstand allmählich, daß ein Asiate nicht ist: wie fünf und fünf ist zehn, sondern daß bei ihm fünf und fünf einmal Tausend und einmal Null sein kann. Sie ahnte, daß sie noch nicht den hundertsten Teil von dem Gehirn ihres Mannes kannte, und manchmal merkte sie, daß seine kleinen asiatischen Augen, die eben noch rosinensüß und lächelnd ausgesehen hatten, plötzlich schwarz und bitter wie Gallapfelsaft werden, oder sogar tödlich vernichtend wirken konnten wie schwarze, funkelnde Tollkirschen.

Aber gerade, daß sie seiner nicht sicher war, daß sie seine Weltallruhe und sein göttliches Aufgehen im Verstehen des Kleinsten bewundern und dann wieder plötzlich erschrecken mußte vor tierischen Kehllauten, die er ausstoßen konnte, und die bestialische Leidenschaftlichkeiten vermuten ließen, – dieses machte Ilses Seele sanft wie ein Kaninchen, das man mit einer Klapperschlange zusammengesperrt hat. Und sie war ihm in die Ehe gefolgt, weil sie sich nach einer Welt von Abenteuern sehnte, nach exotischen Geheimnissen.

Als der rauchende und erhitzte Dampfer zwischen dem blauen Äther des Mittelmeerhimmels und dem gasblauen Wasser des Mittelmeeres sich jetzt von Europa trennte, um Afrika und Asien zu erreichen, erschien Ilse das weiße, blendende Schiffsgerüst in der Bläue ringsum wie der weiße Silberkörper eines Riesenfisches, der viele Meilen in die Bläue untergetaucht wäre und unter den Meeren mit ihr fortschwämme. Nur das gelbe Stück Sonne oben war wie ein Stück Land, das in die Bläue herabschiene. Und sie hoffte, so verzaubernd wie das Meer, so von Grund aus sollte sich jetzt ihr Leben in der Zukunft verändern, daß alle Begriffe sich umstülpten.

Aber als in der zweiten Nacht die elektrischen Kailampen von Messina, das damals noch nicht untergegangen war, in langer Reihe vorüberzogen, nahm Ilse ihrem Mann Okuro, der neben ihr im Deckstuhl saß und in der Dunkelheit nur am roten Punkt seiner Zigarette ihr erkenntlich war, die Zigarette aus dem Mund, warf sie über Bord und sagte schmollend in ihrer Flitterwochenstimmung:

»Geliebter, wie kannst du rauchen und dich mit deiner Zigarette lautlos unterhalten? Ich bin eifersüchtig auf deine Zigarette und deine Ruhe bei ihr. Ich bin noch keine so alte, ruhige Frau wie meine Großmutter, welche einschläft, wenn du stundenlang schweigend rauchst. Ich möchte lieber, daß du mich erwürgst, ins Meer wirfst, oder irgend etwas Böses mit mir tust, aber ich mag nicht, daß du so ruhig und gleichgültig neben mir rauchst. Wir kennen uns noch nicht auswendig. Nur ist das, als wärest du mir untreu, wenn du die Zigarette mehr liebst als mich.«

Darauf antwortete der junge asiatische Ehemann:

»Wenn ich Diener brauche, die dich und mich bedienen, so bin ich deshalb nicht ein schwacher Mann, der sich nicht selbst bedienen könnte. Wenn ich eine Zigarette brauche, die mir Ruhe gibt, so habe ich deshalb dich nicht aus meinem Herzen verstoßen, denn dich brauche ich natürlich erst recht zu meiner Ruhe. Die Zigarette allein würde mich nicht genügend mit Ruhe bedienen.«

Ilse fuhr schnell und heftig auf:

»Wenn du vielleicht statt der Zigarette eines Tages eine andere Frau brauchtest, die dich mit Ruhe bedienen müßte, dann dürfte ich auch nicht unruhig werden, Okuro?«

Dieser lächelte und sagte noch ruhiger:

»In Japan liebt ein Mann seine Frau immer, so lange er sie nicht fortschickt. Und Frauen fragen bei uns nicht nach den Wegen, die ein Mann gehen muß, und die ihn zum Manne machen.«

Ilse wurde noch heftiger:

»Du darfst also viele Frauen lieben, wenn es dich zum Manne macht? Und ich soll keinen Schmerz empfinden, wenn du deine Nächte mit anderen Frauen teilst und deine Umarmungen, deinen Leib und dein Herz anderen Frauen gibst, wo ich doch dachte, daß der Tag der Hochzeit dich mir ganz und gar geschenkt hätte?«

»Nicht *ich* bin *dein*, sondern *du* bist *mein* geworden«, antwortete ruhig der Japaner. »*Ich* bin *ich* geblieben und bin nur durch dich mehr geworden. Aber du bist seit dem Tag unserer Hochzeit nach unseren asiatischen Begriffen verschwunden und bist nicht mehr.«

»Ich bin also schon«, lachte Ilse, »an dem Tag unserer Hochzeit ins Nirwana eingegangen und gehöre jetzt zu den Toten?«

»Ja, Ilse, größtes Glück ist Nirwana. Und die Frau, die sich nicht um das wirkliche Leben zu kümmern braucht, um Geldverdienen und Staatsgeschäfte, kann deshalb schon am Tag ihrer Hochzeit ins Nirwana eingehen, der Mann erst am Tage seines Todes.«

»Aber ich will gar nicht im Nirwana sein, wenn du nicht darin bist«, rief die junge Frau eigensinnig. »Und so lange du im gewöhnlichen Leben bist, will auch ich eine gewöhnliche Lebende sein.«

Okuro sagte ruhig: »Die Götter haben euch Frauen keine Knochen gegeben, um im gewöhnlichen Leben so fest zu stehen wie der Mann.«

Dieses war das erste von hundert ähnlichen Gesprächen, welche Ilse und Okuro, in ihren Deckstühlen liegend oder um die Schiffsschornsteine promenierend, morgens, mittags und abends führten. Seit Europa verschwunden war und das nach Asien schweifende Meer vor ihnen lag, bauten sich die Gedankenwelten der beiden Neuvermählten in der Leere des Meeres wie die Ufer von zwei einander gegenüberliegenden Ländern voreinander auf.

Nie hatten die beiden in den lebendigen Alltagsstunden des zerstückelten Tageslebens von Berlin, wo sie sich hatten kennen lernen, Muße gefunden, mehr voneinander zu sehen als nur leichte Beleuchtungen, unterhaltende Augenblicksbilder ihres Herzens. Jetzt aber, unter der unendlichen Weite, auf der Reise über die halbe Erdkugel, die vor ihnen lag, unter der Riesenruhe des körperlosen Himmels und des unbegrenzten Wassers und in der Ruhe der unendlichen Einförmigkeit des kasernenhaften Schiffslebens, wuchsen die Betrachtungen der beiden wie meilenlange Seeschlangen, die unterirdisch dem Schiff folgten und hie und da in großen Wellenlinien an die Oberfläche kamen.

Bei dem ersten Gespräch von dieser Art, das bei Nacht in der Meeresenge von Messina geführt wurde, sahen sich die beiden nicht. Ihre Deckstühle standen im Schatten von großen Rettungsbooten, und es war zu der späten

Stunde, da die Deckbeleuchtung der gelben Glühbirnen halb gelöscht ist. Es fehlte diesem Gespräch das Echo der Gesichtsmienen und Bewegungen, und da es als erstes Gespräch nicht zu Ende geführt wurde, und da sie danach nur immer ihre Stimmen im Ohr und nicht ihre Gesichter gesehen hatten, so blieb dieses Gespräch wie ein ewig dunkler verborgener Keim, der auf dem beweglichen Schiff und auf der Bodenlosigkeit der Meerestiefe keine Wurzel fassen und nicht ausgerissen werden konnte, sondern mit ihnen schwamm und anwuchs wie ein millionenfingriges Seegewächs.

Als Ilse und Okuro die erste Landstation, die lange, weiße Molenmauer von Port Said, unter dem grünlichblauen Afrikahimmel sahen, da hingen die Gespräche über die verschiedene Denk- und Empfindungsweise der beiden wie der Schaum des Fahrwassers hinter ihrem Schiff. Ihre Gedankenwelt schrumpfte aber sofort ein und verflüchtigte sich zu einer angenehmen Gedankenlosigkeit, als die beiden mit Kutsuma und der Großmutter für ein paar Stunden in den langen Basarstraßen von Port Said unter Ägyptern, Arabern, Abessiniern in den Straßenkaffees saßen und den Millionärstöchtern der Amerikaner zusahen, die, mit den üppigsten Pelzen bekleidet, hier in dem nächtlich kühlen Ägypten landeten und den kleinen Port Saider Bahnhof belagerten, um den Schnellzug nach Kairo und in das Wüstenland nach Heluan zu besteigen.

Sowie sich Ilse von schwarzhäutigen Afrikanegern in langen weißen und blauen Leinwandhemdkleidern umgeben sah, von schwarzen Schultern und Gesichtern, die wie eine Schar lebendiggewordener riesiger Kaffeebohnen hier am Kai durcheinanderliefen, fühlte sie sich magdhaft, fraulich und sehnte sich schutzsuchend neben ihrer Großmutter nach ihrem Mann. Wenn sie sich dann umsah und hinter ihr Okuro und Kutsuma gingen, fühlte sie keine Sicherheit, keine Ruhe, denn die zierlichen gelbhäutigen Japaner waren hier in Afrika noch weniger zu Hause als in Europa; und Okuros gelbe Gesichtsfarbe erschien ihr lächerlich und leichenhaft neben der schönen Pulverfarbe der Afrikaner.

Hier am Land waren es jetzt nicht nur die Gedanken der Europäerin, die gegen die Gedanken des Asiaten Wortgefechte führten. Es war noch schlimmer: es war der Körper selbst, der dem Herzen abtrünnig zu werden schien.

Als sie am Abend zum Schiff zurückkehren mußten, ging die junge Frau früher als sonst zu Bett. Sie schloß ihre Augen hartnäckig und stellte sich schlafend, als Okuro ihr Haar streichelte und ihr ein paar zärtliche Worte zuflüsterte.

Ilse hütete sich wohl, der Großmutter am nächsten Tag von ihren wankenden Gedanken und Gefühlen zu erzählen. Auf dem Weg über das Mittelmeer nach Afrika hatte sie geglaubt, es sei der schwankende Schiffsboden, der sie selbstquälerisch und heimatlos stimme, und auf dem sie sich behaupten müsse. Aber der Spaziergang in Port Said hatte sie noch mehr erschreckt, und sie konnte sich nicht der Überlegung erwehren, ob sie von jetzt an schweigen und asiatisch dulden oder sich auflehnen und europäisch behaupten müßte.

Trotzdem lachte sie äußerlich. Ihr rotgoldenes Haar strahlte schon allein ein reiches sommerliches Lächeln; Ilse war im Grunde viel zu genußsüchtig, als daß sie unter Gedanken lange hätte leiden mögen, und es schien, als ließe sie ihr rotes Haar immer gern wie zu einem täglichen Lebensfest leuchten.

Die Deckbevölkerung hatte sich vermehrt und verändert. Reiche indische Kaufleute in europäischer Kleidung, aber mit sehr viel Ringen und goldenen Uhrketten geschmückt, standen wie die Schatten der weißen Leute auf den langen Schiffspromenaden herum, hatten die Augen von guten Waldtieren oder von eiteln Tropenvögeln. Die schmalen Messingstiegen, die vom Promenadendeck der ersten Klasse in das tiefere Zwischendeck hinunterführten, waren drunten belagert wie von einer Maskerade. Mekkapilger mit smaragdgrünen Turbanen, buddhistische Mönche in senfgelben Mänteln, türkische Hausierer in dunkelblauen und violetten Kaftanen, nackte Fakire, in dicke Stricke und Muschelketten gekleidet, indische Handwerker in weißen Schleierhosen, roten Sammetwesten und goldgestickten Kappen und die braune indische Schiffsbemannung des englischen Dampfers in blauen Hosen und roten Schärpengürteln mit tigerartig geschmeidigen nackten Oberkörpern, und die alle barfuß wie die Tiere auf dem Feld durcheinanderliefen, vervollständigten das Papageienbild des Zwischendecks.

Das Schiff wanderte und wanderte, beladen und belastet mit den hundert verschiedenen Ideenwelten von hundert verschiedenen Rassen. Es hatte die lange Sandwüstengasse des Suezkanals passiert, wo der Sand auf Meilen wie gelber Goldstaub lag, und wo weiße Salzlakenmoore gleich weißen Eisflächen glänzen. Auf die Öde und den Stillstand dieses Landes folgt die höllische Glutbrunst des Roten Meeres, wo das Meer nicht rot von Korallen ist, sondern rot wird von der Hitze, mit der es deine Augen brennt, wo die Sonne wie ein Feuereimer das Tageslicht gleich rotem, flüssigem Metall ausgießt, wo violette Steingebirge in Nubien dastehen und gegenüber in Arabien solche, die silbernen Aschenhaufen gleichen, wo der Berg Sinai als Silhouette am Himmel vor Hitze zittert.

Die Arbeit der indischen Matrosen auf dem Schiff besteht jetzt den ganzen Tag darin, die Segeldächer über den langen Schiffspromenaden über den in Reihen hingestreckten und vor Hitze aufgelösten Passagieren zuzuziehen und je nach dem Stand der Sonne anders zu stellen. Mit Strohhüten und weißen Sommerkleidern liegen Herren und Damen wie am Rand einer Strandpromenade vor Hitze aufgedunsen, als wäre das Blut von der Hitze in den Menschenkörpern zu Rotwein geworden, als wären die Reisenden vom Alkohol betäubt und blau gedunsen, – so liegen die Scharen der Reisenden wie in einer betrunkenen Schlafwelt auf der dreitägigen Fahrt durch das Rote Meer.

In den Schiffssälen bewegen sich an der Decke lange weiße Leinwandfächer, die gleich den Soffiten eines Bühnenhimmels quer durch die Räume gezogen sind und sich wie ein weißer Wellengang über die Köpfe der Speisenden bewegen, aber keine Kühlung geben und nur die brühwarme Meeresluft von einem Gesicht zum andern schicken.

Das große geheizte Schiff wandert und wandert. Die Fernrohre entdecken täglich wieder Afrika auf der einen Seite, Arabien auf der andern. Das glühende Schiff schleppt am Tage die Sonne wie einen Riesenballast mit. Am Abend scheint der Himmel zur Wüste ausgetrocknet zu sein und wird goldgelb wie Wüstensand. Dann stehen über Afrika lange schilfgrüne Wolken, gleich spukhaften Erscheinungen unwirklicher grüner Felder. Jetzt nach Sonnenuntergang werden die Segeldächer gerafft. Die Reisenden, die vor Hitze nicht hatten sprechen können, und jeder Mund, der geglaubt hatte, es würden ihm Flammen aus der Lunge fahren, beginnen den Abend zu bewundern, der aber immer noch heißer bleibt als ein europäischer Julitag.

In diesen Hitzetagen, die alle Hirngespinste wegbrannten, war Ilse nicht Europäerin, nicht werdende Asiatin, sie war wie der Klumpen Sonne selbst, der oben über dem Schiffsmast hing und mit dem Schiff weiter zog. Sie brauchte keine Nachsicht zu üben, sie brauchte keine Behauptungen, um sich sicher zu stellen. Es war, als impfe die Sonne mit ihrer Glut Liebe ein. Und jeder Menschenkörper war heißes Metall geworden und begriff kaum mehr die Unterschiede von Tag und Nacht, von Jugend und Alter, von Zeit und Vergänglichkeit, von Gegenwart und Zukunft.

Die Hitze, die alles verschmolz, brachte in den Tagen des Roten Meeres Ilse und Okuro so eng und sinnlich zusammen wie nie vorher, wie nicht einmal die erste Hochzeitsnacht. Wenn sie auch den Tag in der Reihe der Hunderte von Deckstühlen Seite an Seite, wie in einem Lazarett aufgebahrt liegend, zubrachten, so war es, als schliefen sie in der Hitze einen gemeinsamen Schlaf. Die Hitze legte ihren Arm sicher um beide. Ohne daß sie ihre Arme ausstreckten und sich berührten, ohne daß ihre Lippen sich fanden, lagen sie mit dem Gefühl großer Innigkeit und Friedlichkeit unter der langen Reihe von Reisenden wie allein in ihrem eigenen Schlafzimmer und eng vereinigt.

Niemals fiel es Ilse und Okuro ein, nach Sonnenuntergang, wenn sie vom Tagesschlaf erwachten, sich andere Dinge als Herzlichkeiten zu sagen. Ilse lehnte in ihrem langen weißen Abendkleid am Schiffsgeländer, Okuro neben ihr im schwarzen Abendanzug. Er sagte ihr, ihr Hals sei schmal wie der afrikanische junge Mond. Und sie sagte, daß sie seine Hände so liebe, die nie einen Ring trügen, die Knöchel hätten fein und stark wie die kräftigen Federposen elastischer Vogelflügel. Und sie sahen beide den in weißen elektrischen Kreisen leuchtenden Meertierchen zu, die gleich metallischen Kinderkreiseln auf den Wellen entlang tanzten.

Dann erschien das Spiegelbild des Mondes unten im Wasser; das bergauf und bergab wogende Schiff, das Champagnerzischen der Kielwellen und das Geknister des elektrischen Wassers voll tagheller Schaumwolken stellte den beiden, je länger sie sich über das Geländer lehnten, die Welt auf den Kopf. Und sie fanden sich beide erst wieder in dem krausen Weltallgetriebe und in dem spiegelfechtenden Meeresnachtleben auf ihren zwei Füßen zurecht, wenn sie, versteckt hinter einem Rettungsboot oder hinter einer Kabinentür, die Arme umeinander legten und, Wange an Wange, ihr Blut aneinander pochen ließen.

Dann rückte am vierten Tag am Ende des Roten Meeres ein mächtiger, dunkelbrauner, ausgedörrter Berg heran, zu seinen Füßen lange, rote Kasernendächer: die Festung Aden. Dieser Berg war wie der Pfosten der Tür in den Indischen Ozean; und im grüngelben Abendhimmel blieb das Meer zurück, und die Boote mit nackten schmalen Somalinegern, die das Dampfschiff draußen vor Aden wie eine Affenherde umwimmelt hatten, blieben zurück, und zurück blieben die Länder, wo der Halbmond regierte, und die graue arabische Felsenküste, auf der weiße Minaretts am Nachmittag gleich weißen Fahnenstangen gestanden hatten, und dahinter man sich das Land voll Harems und Frauen träumte. Alles das ging im Westen in dem friedlich ölgelben Himmel unter, und auf der straffgespannten Meeresfläche im Osten lag vor Ilse und Okuro das noch unsichtbare, aber sich stündlich nähernde Indische Reich, an dem sie jetzt vorbeiziehen sollten.

Mit der Weite des Indischen Ozeans kam auch wieder die Weite der Gedanken über Ilse und Okuro. Die Hitze, die mit ihren Flammen im Roten Meer alle Menschenkörper zu ihren Medien gemacht hatte, verlor an Kraft, und die Menschen wurden wieder selbständig und dachten wieder ihren eigenen Gedanken nach.

Eines Abends saß Ilses Großmutter allein am Ende des Promenadendecks. Große Sternbilder der fremden Südzone stiegen aus der Meerestiefe auf und wanderten über die Masten des Schiffes fort.

In der Nähe der Dame saß nur Kutsuma und las. Das Schiff war wie eine große indische Trommel, daran die Meereswellen ihre Märsche trommelten, und sein Gang war immer ein Wechsel von Begeisterung, wenn es sich in die Sterne hob, von Enttäuschung, wenn es wieder in die Leere sank.

»Wie viele Gedanken mögen an den Sternen hängen«, dachte die alte Dame. »Wie viele Tausende von Seereisenden haben nachts mit offenen Augen hier unter den Sternen auf wandernden Schiffen gesessen. Jeder Stern ist wie eine eingepuppte Seidenraupe, von der man Gedanken wie Seidenfäden abspinnt.«

»Sehen Sie, Herr Kutsuma«, sagte die alte Dame, »Sie sagen immer, mein Haar sei so weiß wie der Abendschnee auf dem Hirayama am Biwasee in Ihrer Heimat Japan. Und so wahr mein Haar nie mehr dunkel wird, so wahr glaube ich, daß Ilse für ihr Herz keinen besseren Mann finden konnte als Okuro. Aber damit ist nicht gesagt, daß Okuro in Japan nicht eine bessere Frau als Ilse finden und ohne Ilse sehr glücklich werden könnte.«

Kutsuma hatte eine Landkarte auf seinem Schoß, sah auf und sagte:

»Ich bewundere immer, wie großartig die Europäer die Welt einteilen können, die Länder in flache Figuren, die Erdkugel in Breitengrade und Längengrade; in alles Irdische bringen die Europäer Zahlen und Ordnung. Aber sie erfinden kein System für ihre Gefühle, wollen kein System anerkennen für das kleine, kurze Menschenleben, das doch aus nichts anderem besteht als aus Jugend, Reife und Alter, das also Grenzen hat und nicht als etwas Unbegrenztes, Unordentliches angesehen werden kann.«

»Aber, mein Herr«, unterbrach die weißhaarige Dame ungeduldig Kutsuma, »Gefühle lassen sich doch nicht in Systeme bringen. Gefühle sind doch das Unbegrenzte am Leben! Liebesgefühl kann Unordnung und Ordnung zugleich geben: Liebesgefühl ist eine Hasardnummer, man setzt auf Rouge oder Noir. Aber es gibt kein sicheres System, in dem man beim Liebesgefühl in Ordnung mit sich selbst kommen könnte. Wer liebt, wünscht glücklich zu machen, aber das Leben muß erst beweisen, ob er einen Gewinn oder eine Niete gezogen hat.«

»Wo Liebe ist, ist ewiges Glück«, sagte der Asiate. »Wo ein Wechsel eintreten kann, war die Liebe nicht vollständig. Ihr Europäer wünscht, daß der Mann sein Leben lang die Frau bediene und sie höher halte als sich selbst. Wir Asiaten verlangen von der Frau, daß sie den Mann bediene und sich ihm unterordne. Und wir finden: dieses bringt Ordnung in die Liebe zwischen Mann und Frau.«

»Sehr weise gesprochen«, sagte die alte Dame. »Aber lassen Sie jetzt auch den Abendschnee auf dem Hirayama zu Ihnen sprechen; das heißt: vertrauen Sie den Gedanken, die unter meinen weißen Haaren entstanden.

Das Kostbare an der Liebe ist, daß sie ein ewiges Abenteuer bleibt, und daß weder die Sicherheit der madonnenhaften Unterordnung einer asiatischen Frau, noch die olympische Selbstherrlichkeit einer europäischen Liebe sie in ein System bringen kann. Die Liebe wird immer etwas verschwenderisch sein, immer ein Zuviel in das Blut der Menschen bringen, das Zuviel, das die Endlichkeit des seligen Augenblickes in eine Unendlichkeit des Genusses verwandeln kann. Wo das Zuviel zwischen zwei Menschen fehlt, die sich vorstellen, daß sie sich lieben, wird die Liebe immer nur ein erbärmlicher chemischer Prozeß bleiben, der Kinder hervorbringt und sich ruhig in ein System fassen läßt.«

Der Asiate schwieg lange und ließ die Sternbilder wandern. Dann sagte er und faltete seine Landkarte zusammen:

»Die Götter in Europa haben euch Europäer nicht umsonst Mikroskope für eure Augen konstruieren lassen. Ihr könnt auch eure Liebesaufregung unter ein Mikroskop legen. Wie die Eisblumen an euern Fenstern, so seht ihr die Linien eurer Liebesleidenschaft. Und ihr Europäer könnt über Dinge sprechen, die uns Asiaten ewig unsichtbar bleiben.«

Die alte Dame antwortete:

»Ihr Asiaten könnt das auch, wenn ihr wollt. Nur seid ihr liebenswürdige und bescheidene Kinder eurer Götter, und wir sind vorwitzig. Wir müssen unsere Freuden belauschen und unsere Schmerzen. So wie unsere Anatomen den Blutkreislauf fanden, so suchen wir nach dem Kreislauf unserer Schmerzen und Freuden.«

Kotsuma spricht eifriger:

»Wir haben nur immer von den Indiern den Kreislauf der Seele zu beobachten gelernt. Aber die Liebesleidenschaft haben wir nicht als Lebenswert untersucht und haben die Liebe nicht auf die Höhe gestellt wie ihr in Europa. Aber seit ich bei euch war, begreife ich, daß die Zukunftswelt die Liebesleidenschaft als Weltmittelpunkt erkennen wird. Nicht die Weltruhe, nicht das Nirwana, wie wir in Asien immer glaubten, und nicht den Weltschmerz und das Weltmitleid, wie euer vergehendes Christentum immer glaubte; die Liebesleidenschaft ist für jeden, der sein Leben ernst nimmt, sein Gott, der ihm Leben und Tod gibt. So sagte auch gestern Okuro zu mir, als wir bei Aden das Rote Meer verließen, er sagte mir, er würde nie mehr mit Ilse über die Meinung streiten, die sie als Europäerin von der Ehe hat. Sie macht ihn mit jeder Meinung glücklich. Sein Blut ist so zufrieden von ihrem Blut, daß er nicht mehr nach Lebensgebräuchen und Lebenssitten fragt, daß er ihr zuliebe ein Europäer werden will auch in seiner Heimat. Seine Liebe ist jetzt so groß, daß er meinungslos geworden ist.«

Kutsuma wartete auf einen Freudenausbruch der Dame. Und als der junge Mann keinen Laut als Antwort erhielt, empfand er mit einemmal das Schweigen zwischen sich und der alten Dame wie einen Abgrund, als wäre sie über einen Ozean vor ihm und seinen Worten zurückgewichen.

Lächelnd suchte Kutsuma eine Verbindung herzustellen und sagte:

»Warum schweigt der Abendschnee am Hirayama? Er, der mir vorhin so schöne weite Gedanken gab?«

Da seufzte die alte Dame:

»Oh, wie unglücklich sind die gütigen Liebenden! Güte in der Liebe bringt Unglück. Liebe ist nie gütig, Liebe fordert, mißhandelt, vergewaltigt. Von zwei Liebenden muß einer der Stärkere werden. Der Mann muß die Frau unterjochen, er kann ihr ja den Wahn ihrer Selbstherrlichkeit lassen, wenn sie es noch nötig hat. Aber er darf nicht gütig meinungslos werden.

Sagen Sie das zu Okuro! Das sei die Ansicht dieser weißen Haare. Und immer, wenn er meine weißen Haare sieht, die ihr Japaner mit dem Abendschnee von Hirayama vergleichet, soll er stark werden, soll nicht vor Ilse meinungslos werden. So wie der Schnee am Hirayama nie zu schmelzen ist, so soll sein Wille von keinem Frauenwillen zu schmelzen sein. Nur dann macht er Ilse glücklich.«

Kutsuma betrachtete andächtig den weißen Kopf der alten Dame, so andächtig, wie nur ein Japaner im Abend am Biwasee den Schnee von Hirayama betrachten kann. –

Ceylon mit seinen wolkenblauen, glänzenden Bergen, die voll Amethysten und Mondsteinen liegen, wurde von dem wandernden Schiff für einen Tag berührt. Dann zog die magnetische Ferne das Schiff weiter nach Osten. Und Ilse träumte sich Palmenwälder aufs Meer, denn sie wußte: rings waren Küsten mit heiligen indischen Wäldern und heiligen indischen Tempeln. Und ringsum an den Küsten lebten Völker, die so gut waren, daß sie den Schlaf eines Tieres heilig hielten, – den Schlaf des geringsten Straßenhundes, dem es einfiel, mitten in den verkehrreichsten Städten sich in die Sonne zu legen und zu träumen. Kein Fußtritt verjagt den Träumenden, denn jeder Traum, auch der Traum eines Hundes, ist ein Paradies, das sich für Augenblicke auf die Erde senkt. Darum wird auch der Schlaf der Tiere mit Ehrfurcht behandelt. Keine Peitschen knallen, nur Silberglocken am Kutschbock treiben die Pferde an. Über alles das dachte sie oft mit Scheu nach.

»Wie seltsam«, meinten die beiden Japaner und die beiden Europäerinnen, »daß Europa und Asien nebeneinander auf derselben Erde liegen, sie, die weniger zusammengehören als Erde und Mond. Europa gibt seinem Leben das Sprichwort: Zeit ist Geld. Und Asien beachtet weder die Zeit noch das Geld. Es ist erstaunlich, daß die einfache Schiffschraube, die nichts tut, als sich drehen, uns aus der Welt der Begriffe von Zeit und Geld in die Welt der entgegengesetzten Begriffe befördern kann, ohne daß wir dabei daran zugrunde gehen oder erst sterben müssen.«

»Am seltsamsten«, sagte die alte Dame, »ist es für mich, die ich schneeweiß aus Europa komme. Ich glaubte mich schon am Ende meines Lebens; und ohne daß ich eine neue Inkarnation eingehen muß, verjüngen und erwärmen sich hier in Asien meine Gedanken. Wenn ich morgens in den Spiegel sehe, wundere ich mich, daß ich immer noch den Schnee auf meinem Kopf trage.« –

ARNO HOLZ

Auf einem vergoldeten Blumenschiff*

Auf einem vergoldeten Blumenschiff
mit Ebenholzmasten und Purpursegeln
schwimmen wir ins offne Meer.

Hinter uns,
zwischen Wasserrosen,
schaukelt der Mond.

Tausend bunte Papierlaternen schillern an seidnen Fäden.

In runden Schalen kreist der Wein.

Die Lauten klingen.

Aus fernem Süd
taucht blühend eine Insel ...

Die Insel – der Vergessenheit!

Der Mörder

Gleich in den ersten Tagen schien die Seeluft auf Elise den wohltätigen Einfluß auszuüben. Ihre Blässe verschwand, ihr Wesen war aufgeschlossener, ihr Gebaren freier, als Alfred es jemals an ihr wahrgenommen. Und während sie früher sich gegen jede, selbst die harmloseste Annäherung von fremder Seite gleichgültig, ja abwehrend verhalten hatte, wich sie diesmal gemeinsamen Unterhaltungen, wie sie das Leben auf dem Schiffe mit sich brachte, keineswegs aus und nahm die achtungsvollen Huldigungen einiger mitreisender Herren mit Befriedigung entgegen. Insbesondere ein deutscher Baron, der auf dem Meere Heilung eines langwierigen Lungenleidens suchte, hielt sich in Elisens Nähe so viel auf, als es eben noch ohne Zudringlichkeit geschehen konnte, und Alfred hätte sich gern überredet, das aufmunternde Benehmen, das Elise diesem liebenswürdigsten ihrer Bewunderer gegenüber zur Schau trug, als die willkommenen Zeichen einer neukeimenden Neigung anzusehen. Doch als er Elise einmal scheinbar ärgerlich über ihre auffallende Freundlichkeit zur Rede zu stellen versuchte, erklärte sie ihm lächelnd, daß all dies entgegenkommende Wesen andern gegenüber nichts anderes bezweckt hätte, als des Geliebten Eifersucht zu erregen, und sie der gelungenen List sich unsäglich freute. Diesmal vermochte Alfred seine Ungeduld, seine Enttäuschung nicht mehr zu verbergen. Er erwiderte ihr Geständnis, durch das sie ihn beruhigt und beglückt zu haben glaubte, mit Worten von einer ihr unbegreiflichen Härte; in dumpfer Ratlosigkeit hielt sie ihnen eine Weile stand, bis sie plötzlich auf dem Verdeck, wo die Unterredung stattgefunden hatte, bewußtlos zusammenstürzte und in die Kajüte hinuntergetragen werden mußte. Der Schiffsarzt, durch das Schreiben seines Kollegen genügend unterrichtet, hielt eine nähere Untersuchung nicht für nötig und brachte dem gequälten Herzen durch das schon einmal bewährte Mittel vorübergehende Linderung. Doch konnte er nicht verhindern, daß sich die Anfälle am nächsten und am dritten Tage ohne jede äußere Veranlassung wiederholten, und wenn das Morphium auch nie seine Wirkung versagte, so durfte er doch seine Befürchtung nicht verhehlen, daß die Krankheit ein übles Ende nehmen könnte, und mahnte Alfred in angemessener, aber höchst bestimmter Form, seiner schönen Gattin in jeder Hinsicht Schonung angedeihen zu lassen.

Alfred, in seinem dumpf wühlenden Groll gegen Elise, wäre leicht geneigt gewesen, dem Arzte besonders in dem einen Punkte, der einem strengen Verbote gleich kam, Folge zu leisten, wenn nicht Elise, von Sehnsucht verzehrt, in einer einsamen Nachtstunde den Widerstrebenden, als gälte es, ihn durch Zärtlichkeit zu versöhnen, endlich wieder in ihr Herz zu ziehen verstanden hätte. Doch wie sie mit halbgeschlossenen Augen vergehend in seinen Armen lag und er über ihrer feuchten Stirne den bläulichen Wellenschein verschimmern sah, der durch das kleine Kajütenfenster hereinbrach, da fühlte er, wie ihm gleichsam aus den tiefsten Seelengründen auf die Lippen ein Lächeln stieg, das er selbst erst allmählich als eines des Hohns, ja des Triumphes erkannte. Und noch während er seiner dunklen

Hoffnung erschauernd sich bewußt ward, mußte er sich sagen, daß ihre Erfüllung nicht nur für ihn das Heil und die Rettung aus allem Wirrsal, sondern daß auch Elise, wenn sie das Ende als unausbleiblich erkannt hätte und ihr eine Wahl verstattet wäre, kein anderes wünschen würde, als unter seinen Küssen zu verscheiden. Und wie sie nun, wohl vertraut mit der Gefahr, in immer leidenschaftlicherer Hingabe gleichsam bereit schien, aus Liebe und in Liebe dahinzugehen, so glaubte er sich stark genug, ein Opfer anzunehmen, durch das, so ungeheuer es auch war, im Ineinanderwirken schicksalhafter Zusammenhänge das Los dreier Menschen zuletzt doch nur günstig gewendet würde.

Aber während er Nacht für Nacht das matte Verschimmern ihrer Augen, das selige Verhauchen ihres Atems mit erwartungsvollem Grauen beobachtete, erschien er sich wie ein Betrogener, wenn eine Minute später ihre erwachenden Blicke dankbar in die seinen glänzten, der warme Hauch ihrer Lippen mit frischer Lust den seinen eintrank und so der ganze Aufwand seiner tödlichen Tücke zu nichts anderem vertan war, als neues schöneres Leben durch Elisens Pulse zu treiben. Und sie war seiner Liebe so sicher, daß sie bei Tag, wenn er sie auf Stunden sich selbst oder der Gesellschaft anderer überlassen hatte, um auf dem obersten Verdeck die fiebernde Stirn dem kühlenden Meerwind preiszugeben, ohne Mißtrauen zurückblieb und das ratlos irre Lächeln des Wiederkehrenden leuchtenden Auges wie einen zärtlichen Gruß erwiderte.

In Neapel, wo das Schiff zu eintägiger Rast anlegen sollte, um dann ohne weiteren Zwischenaufenthalt nach Hamburg abzugehen, hoffte Alfred, von Adelen einen Brief zu finden, um den er sie zuletzt aus Ceylon in glühenden

Worten angefleht hatte. Das stürmische Wetter enthob ihn der Mühe, einen Vorwand dafür zu suchen, daß er sich ohne Elise in Gesellschaft anderer gleichgültiger Reisender durch einen der bereitliegenden Kähne ans Land setzen ließ. Er fuhr zur Post, trat zum Schalter, nannte seinen Namen und mußte sich mit leeren Händen zurückziehen. Wenn er sich auch damit zu beruhigen versuchte, daß Adelens Brief nicht rechtzeitig abgesandt oder verloren gegangen war, so ließ ihn doch das Gefühl von Vernichtung, das nach dieser Enttäuschung über ihn kam, erkennen, daß ein künftiges Leben ohne Adele für ihn nicht mehr zu denken war. Am Ende seiner Verstellungskräfte angelangt, dachte er zuerst daran, sofort nach seiner Rückkehr auf das Schiff Elisen schonungslos die Wahrheit mitzuteilen. Gleich aber kam die Überlegung, daß die Folgen eines solchen Geständnisses nicht abzusehen waren, daß es Elise nicht nur auf der Stelle tödlich treffen, daß es sie auch in Wahnsinn oder Selbstmord treiben, daß aber eine solche Begebenheit in ihren Ursachen kaum geheim bleiben und damit seinen Beziehungen zu Adele verhängnisvoll werden könnte. Das gleiche blieb zu befürchten, wenn er das Geständnis bis zum letzten Augenblick, bis zur Landung in Hamburg oder gar bis zur Ankunft in Wien aufschieben wollte. In so verzweifelten Gedanken und ihrer Hinterhältigkeit sich kaum mehr bewußt, wandelte Alfred zur Mittagszeit im brennenden Sonnenschein am Meeresstrand umher, als er sich plötzlich schwindeln und einer Ohnmacht nahe fühlte. Angsterfüllt sank er auf eine Bank und blieb sitzen, bis der Krampf sich löste und die Nebel vor seinen Augen schwanden. Dann aber atmete er wie erwachend auf. Er wußte mit einemmal, daß in dem unbegreiflichen Augenblick, da seine äußeren Sinne ihn zu verlassen gedroht hatten, ein Entschluß furchtbar und klar zu Ende gereift war, der längst in den Tiefen seiner Seele sich vorbereitet hatte. Seinen heißen, grausamen Wunsch, dessen Erfüllung er all die Tage her gleichsam aus feiger Verborgenheit zu fördern gesucht hatte, er mußte ihn nun ohne weiteren Aufschub mit eigenem Willen, mit eigenen Händen zur Tat machen. Und wie das Ergebnis langer innerer Überlegung stieg ein fertiger Plan aus seiner Brust hervor.

Er erhob sich und begab sich vorerst in ein Hotel, um dort mit dem trefflichsten Appetit sein Mittagsmahl einzunehmen. Dann suchte er nacheinander drei Ärzte auf, gab sich überall als einen von unerträglichen Schmerzen gepeinigten Kranken aus, der, seit Jahren an Morphium gewöhnt, mit seinem Vorrat zu Ende gekommen sei, nahm die erbetenen Rezepte in Empfang, ließ sie in verschiedenen Apotheken anfertigen und fand sich, als er bei sinkender Sonne wieder an Bord ging, im Besitze einer Dosis, die er für seine Zwecke mehr als genügend halten durfte. An der Abendtafel auf dem Schiff erzählte er im Tone höchsten Entzückens von einer Wanderung durch Pompeji, zu der er den verflossenen Tag ausgenützt hätte, und mit einer brennenden Lust am Lügen, als müßte er nun sein eigenes Wesen ins Teuflische steigern, verweilte er bei der Schilderung einer Viertelstunde, die er im Garten des Appius Claudius verbracht hatte, vor einer Statuette, die er natürlich in Wirklichkeit nie gesehen und von der er zufällig im Reisehandbuch gelesen. Elise saß an seiner Seite, ihr gegenüber der Baron, die Blicke der beiden begegneten sich, und Alfred vermochte die Vorstellung nicht abzuwehren, daß hier zwei Gespenster aus leeren Augenhöhlen einander anstarrten.

Später aber, wie an so manchem Abend vorher, wandelte er mit Elisen auf dem obersten Verdeck im Mondenschein umher, während fern die Lichter der Küste verglänzten. Da er eine Sekunde lang sich schwach werden fühlte, jagte er seinen Entschluß durch die Einbildung neu auf, daß es Adelens Arm wäre, den er an den seinen preßte; und an der Glutwelle, die ihm durch die Adern schoß, erkannte er, daß das Glück, das seiner wartete, auch durch die furchtbarste Schuld nicht zu teuer erkauft wäre. Zugleich aber regte sich in ihm geheimnisvoll etwas wie Neid auf das junge Geschöpf an seiner Seite, dem es beschieden sein sollte, aus aller Lebenswirrnis so bald ohne Leiden und ahnungslos den erlösenden Ausgang zu finden.

Als er Elise in der Kajüte mit vollkommener, fast ins Unerträgliche gesteigerter Klarheit und doch mit verzweifelter Lust zum letztenmal in die Arme schloß, empfand er sich wie den Vollzieher eines Schicksals, an dem sein Wille keinen Anteil mehr hatte. Nur eines Griffes von seinen Fingern hätte es bedurft, das Glas umzustoßen, das bläulich vom Tischchen herüberschillerte, und die Gifttropfen wären, ein harmloses Naß, in die gleichgültigen Dielen versickert. Aber Alfred lag regungslos und wartete. Er wartete, bis er endlich, mit stillstehendem Herzen, einer ihm wohlvertrauten Bewegung Elisens gewahr wurde, die mit halb geschlossenen Augen ihre Hand nach dem Glas ausstreckte, um, wie sie immer vor dem Einschlafen tat, ihren letzten Durst zu stillen. Er sah mit weit aufgerissenen Lidern, ohne sich zu rühren, wie sie sich ein wenig aufrichtete, das Glas an die Lippen setzte und dessen Inhalt in einem Zuge hinunterstürzte. Dann legte sie sich wieder hin mit einem leichten Seufzer, den Kopf, ihrer Gewohnheit nach, zum Schlummer an seine Brust bettend. Alfred hörte in seinen Schläfen ein langsames, dumpfes Hämmern, hörte Elisens ruhiges Atmen und hörte die Wellen wie klagend an den Bug des Schiffes schlagen, das gleichsam durch eine stillestehende Zeit hinschwebte.

Mit einem Male fühlte er, wie ein heftiges Beben durch Elisens Körper ging. Ihre beiden Hände griffen nach seinem Nacken, ihre Finger schienen sich in seine Haut einbohren zu wollen, dann erst, mit einem langen Stöhnen öffnete sie die Augen. Alfred löste sich aus ihrer Umklammerung, sprang aus dem Bett, sah, wie sie versuchte, sich zu erheben, mit den Armen ins Leere schlug, einen irren Blick in der Dämmerung hin und her flackern ließ, und plötzlich der Länge nach wieder zurücksank, um mit kurzen flachen Atemzügen, aber völlig bewegungslos liegenzubleiben. Alfred erkannte sofort, daß sie ohne jedes Bewußtsein war, und fragte sich kalt, wie lange dieser Zustand wohl währen könnte, ehe er zum Ende führte. Es fiel ihm zugleich ein, daß sie in diesem Augenblick vielleicht noch zu retten wäre; und mit dem dunklen Gefühl, auf diese Art ein letztes Mal das Schicksal zu versuchen: entweder selbst die Früchte seines bisherigen Tuns zu vernichten oder durch ein kühnes Wagnis sich zu entsühnen, eilte er davon, den Arzt zu holen. Erkannte der, was hier geschehen war, so sollte das Spiel endgültig verloren sein; im anderen Falle aber sprach er sich selbst für alle Zukunft von Schuld und Reue los.

Als Alfred mit dem Arzt in die Kajüte trat, lag Elise bleich mit halb offenen verglasten Augen, die Finger in die Decke verkrampft und schimmernde Tropfen auf Stirn und Wangen. Der Arzt beugte sich nieder, legte sein Ohr an ihre Brust, horchte lang, nickte bedenklich, schob Elisens Lider auseinander, hielt die eigene Hand vor ihre Lippen, horchte noch einmal; dann wandte er sich zu Alfred und eröffnete ihm, daß der Todeskampf zu Ende sei. Mit einem irren Blick, der nicht geheuchelt war, schlug Alfred die Hände über dem Kopf zusammen, sank vors Bett hin und blieb, die Stirn auf Elisens Knie gepreßt, eine kurze Weile so liegen. Dann wandte er sich um und starrte wie verloren den Arzt an, der mit bedauerndem Blick ihm die Hand bot, Alfred nahm sie nicht, schüttelte den Kopf, und, im völligen Besitze seiner inneren Klarheit, wie in allzu spätem Selbstvorwurf, flüsterte er vor sich hin: »Hätten wir Ihnen doch gefolgt.« Dann verbarg er kummervoll das Gesicht in den Händen. »Das hab ich mir denken können«, hörte er den Arzt tadelnd, aber mild erwidern: und in einem übermächtigen Gefühl des Triumphes spürte er hinter seinen zuckenden Lidern das Glühen und Leuchten seiner Augen.

Schon am Tage darauf, wie es die Vorschrift verlangte, wurde Elisens Leichnam ins Meer gesenkt, und Alfred als Witwer fühlte sich von allgemeiner, doch stumm zurückhaltender Teilnahme umgeben. Niemand wagte ihn zu stören, wenn er stundenlang auf dem Verdeck hin und her ging und in eine Weite blickte, die für ihn, was niemand ahnen konnte, vom Dufte seligster Hoffnungen durchweht war. Nur der Baron schloß sich zuweilen auf kurze Minuten dem hin und her Wandelnden an, wobei er es mit deutlicher Absicht unterließ, auch nur mit einem Worte des Trauerfalls zu gedenken. Alfred wußte wohl, daß den Baron nichts anderes zu diesen Begleitgängen veranlaßte, als die Sehnsucht, sich für kurze Minuten wieder im Dunstkreis der geliebten Verstorbenen zu fühlen. Für Alfred waren diese Minuten die einzigen, in denen er sich von der Vergangenheit angerührt fühlte; sonst hatte er sich völlig über seine Tat, und was sie den Menschen bedeuten mochte, emporgehoben. In lebendiger Gegenwart stand das Bild der Heißersehnten, in Schuld Errungenen vor ihm; und wenn er vom Bug des Schiffes aus hinab ins Wasser schaute, so war ihm, als sähe er sie friedevoll über begrabene Welten dahinrinnen, denen es in ihrer Schlummertiefe gleich war, ob sie gestern oder vor tausend Jahren versunken waren.

Einsatz

Am Morgen des dritten Tages beruhigte sich das Meer. Selbst die empfindlichsten Passagiere – jene, die sich seit der Abfahrt kein einzigesmal hatten blicken lassen – tauchten aus ihren Kabinen auf und wankten aufs Sonnendeck. Der Decksteward gab ihnen Liegestühle und packte sie warm ein, und so lagen sie einer neben dem anderen in langen Reihen, das Gesicht der blassen, fast kühlen Januarsonne zugewandt.

Nach zwei recht stürmischen Tagen hatte diese plötzliche Ruhe etwas so Tröstliches, daß sich die allgemeine Stimmung beträchtlich hob. Zwölf Stunden guten Wetters erfüllten die Passagiere mit neuer Zuversicht, und um acht Uhr abends war der Hauptspeisesaal voller Menschen, die mit der selbstsicheren und selbstzufriedenen Miene abgehärteter Seeleute aßen und tranken.

Sie hatten ihre Mahlzeit noch nicht beendet, als sie an einer leichten Reibung zwischen sich und den Stuhlsitzen merkten, daß das große Schiff von neuem zu schlingern begann. Zuerst war es nur ein langsames, sanftes Wiegen, aber es genügte, die Atmosphäre im Saal sofort zu verändern. Einige Passagiere blickten von ihren Tellern auf, zögerten weiterzuessen, warteten, ja lauschten beinahe auf das nächste Schlingern und lächelten nervös, einen Schimmer heimlicher Angst in den Augen. Andere blieben völlig ungerührt, wieder andere behaupteten prahlerisch, gegen die Seekrankheit immun zu sein, und machten Witze über das Essen und das Wetter, um diejenigen zu quälen, die sich bereits elend fühlten. Die Bewegungen des Schiffes wurden immer schneller, immer heftiger, und schon fünf oder sechs Minuten nach dem ersten Schlingern rollte es schwer von einer Seite auf die andere. Die Passagiere versteiften sich in ihren Stühlen und versuchten, wie in einem Auto, das eine Kurve nimmt, den Druck durch Gegendruck unwirksam zu machen.

Dann kamen die ersten sehr starken Stöße. Mr. William Botibol, der am Tisch des Zahlmeisters saß, sah seinen Teller mit gekochtem Steinbutt und holländischer Sauce plötzlich unter der Gabel weggleiten. Die Unruhe der Passagiere nahm zu, jeder griff nach Tellern und Weingläsern. Mrs. Renshaw schrie auf und umklammerte den Arm des Zahlmeisters, ihres Nachbarn zur Linken.

»Wird 'ne schlimme Nacht werden«, meinte der Zahlmeister und blickte Mrs. Renshaw an. »Ich glaube, da braut sich etwas zusammen.« In seiner Stimme schwang eine Spur von Schadenfreude mit.

Ein Steward eilte herbei und befeuchtete das Tischtuch zwischen den Tellern mit Wasser. Die Aufregung legte sich, die meisten Passagiere aßen weiter. Ein paar, unter ihnen auch Mrs. Renshaw, erhoben sich vorsichtig und steuerten mit einer Art unauffälliger Hast zwischen den Tischen hindurch auf die Tür zu.

»Hm«, sagte der Zahlmeister. »Da geht sie hin.« Er blickte beifällig auf diejenigen seiner Herde, die ruhig sitzen geblieben waren und unverhohlen den selbstgefälligen Stolz zur Schau trugen, den Passagiere darin zu setzen scheinen, als seefest zu gelten.

Nach dem Essen wurde der Kaffee serviert. Mr. Botibol, der ungewöhnlich ernst und nachdenklich geworden war, stand auf, nahm seine Tasse und ging um den Tisch herum zu Mrs. Renshaws leerem Platz. Er setzte sich, beugte sich zu dem Zahlmeister und sagte in eindringlichem Flüsterton: »Ach bitte, dürfte ich Sie wohl etwas fragen?«

Der Zahlmeister, klein, dick und rotgesichtig, wandte sich ihm zu. »Na, wo fehlt's denn, Mr. Botibol?«

»Die Sache ist so ...« Seine Miene war, wie der Zahlmeister feststellte, äußerst besorgt. »Ich würde gern wissen, ob der Kapitän schon die Strecke berechnet hat, die das Schiff bis morgen mittag zurücklegen wird – für die Tageswette, verstehen Sie? Ich meine, ob er's getan hat, bevor es so auffrischte.«

Der Zahlmeister, der irgendeine vertrauliche Mitteilung privater Natur erwartet hatte, lächelte und lehnte sich zurück, um seinen vollen Bauch zu entspannen. »Das möchte ich eigentlich annehmen«, erwiderte er. Obwohl er fand, daß kein Grund zum Flüstern vorlag, senkte er – wie immer, wenn man ein Flüstern beantwortet – unwillkürlich die Stimme.

»Und wann, glauben Sie, hat er die Strecke berechnet?«

»Irgendwann am Nachmittag. Das ist so seine übliche Zeit.«

»Um wieviel Uhr etwa?«

»Ach, ich weiß nicht. So gegen vier, würde ich sagen.«

»Nun verraten Sie mir noch etwas. Wie kommt der Kapitän zu dem jeweiligen Ergebnis? Macht er deswegen viel Umstände?«

Der Zahlmeister betrachtete lächelnd Mr. Botibols sorgenvolle Miene. Er wußte genau, worauf der Mann hinauswollte. »Nun, der Kapitän bespricht sich mit dem Navigationsoffizier, sie studieren die Wetterlage, berücksichtigen auch noch so manches andere und ziehen aus alledem ihre Schlüsse.«

Mr. Botibol nickte und grübelte über diese Antwort nach. Dann sagte er: »Glauben Sie, der Kapitän hat gewußt, daß sich das Wetter heute abend verschlechtern würde?«

»Da fragen Sie mich zuviel, Mr. Botibol.« Der Zahlmeister blickte in die kleinen schwarzen Augen seines Nachbarn und sah, daß Fünkchen der Erregung in ihnen tanzten. »Wirklich, das kann ich Ihnen beim besten Willen nicht sagen.«

»Wenn der Sturm noch stärker wird, wäre es vielleicht günstig, eine niedrige Nummer zu ersteigern, nicht wahr?« Das Flüstern war jetzt noch eindringlicher, noch besorgter.

»Kann schon sein«, meinte der Zahlmeister. »Ich bezweifle, daß der Alte mit einer wirklich stürmischen Nacht gerechnet hat. Heute nachmittag deutete ja noch nichts darauf hin.«

Die anderen am Tisch waren verstummt und suchten dem Gespräch zu folgen. Sie sahen den Zahlmeister mit jenem starren, gleichsam angespannt lauschenden Blick an, den manche Leute auf der Rennbahn haben, wenn sich in ihrer Nähe ein Trainer über die Chancen seiner Pferde verbreitet: leicht geöffnete Lippen, hochgezogene Augenbrauen, vorgestreckter, ein wenig zur Seite geneigter Kopf – der selbstvergessene, fast entrückte Blick eines Menschen, der etwas aus erster Quelle erfährt.

»Angenommen, Sie dürften mitmachen – auf welche Zahl würden *Sie* heute setzen?« flüsterte Mr. Botibol.

»Ich kenne die Eckzahlen noch nicht«, antwortete der Zahlmeister geduldig. »Die werden ja erst nach dem Dinner, unmittelbar vor Beginn der Versteigerung bekanntgegeben. Außerdem verstehe ich nicht viel davon. Ich bin nur der Zahlmeister, wissen Sie.«

Mr. Botibol erhob sich. »Entschuldigen Sie mich«, murmelte er und ging vorsichtig über den schwankenden Fußboden. Auf seinem Weg zwischen den Tischen hindurch mußte er sich zweimal an einer Stuhllehne festhalten, um bei dem Schlingern des Schiffes nicht das Gleichgewicht zu verlieren.

»Zum Sonnendeck, bitte«, sagte er zu dem Fahrstuhlführer.

Der Wind schlug ihm hart ins Gesicht, als er auf das offene Deck hinaustrat. Mit unsicheren Schritten erreichte er die Reling, und dort blieb er, krampfhaft festgeklammert, eine Weile stehen, um das Meer zu betrachten, auf das die Nacht herniedersank. Hoch schwollen die großen Wogen an und warfen sich gischtsprühend, weißen Pferden gleich, gegen den Sturm.

»Ziemlich bewegt draußen, nicht wahr, Sir?« sagte der Fahrstuhlführer, als sie hinunterfuhren.

Mr. Botibol glättete sein zerzaustes Haar mit einem kleinen roten Kamm. »Glauben Sie, daß wir wegen des Wetters die Geschwindigkeit herabgesetzt haben?« fragte er.

»Aber ja, Sir, gewiß. Wir sind beträchtlich runtergegangen, als es anfing. Das muß sein, schon damit uns die Passagiere nicht durcheinanderpurzeln.«

Im Rauchsalon versammelten sich die Leute bereits zur Versteigerung. Sie nahmen mit höflicher Zurückhaltung an den Tischen Platz, die Männer im Smoking, ein wenig steif, mit etwas zu scharf rasierten rosigen Wangen, und neben ihnen ihre kühlen, weißarmigen Frauen. Mr. Botibol setzte sich auf einen Stuhl in unmittelbarer Nähe des Auktionators. Er schlug die Beine übereinander, verschränkte die Arme und lehnte sich zurück – alles mit der verbissenen Miene eines Mannes, der eine gewaltige Entscheidung getroffen hat und sich um keinen Preis einschüchtern lassen will.

Der Gesamteinsatz, sagte er sich, wird rund siebentausend Dollar betragen. So hoch war er auch in den letzten beiden Tagen gewesen, und die einzelnen Nummern hatten zwischen drei- und vierhundert Dollar gekostet. Da es ein britisches Schiff war, rechnete man in Pfunden, aber bei seinen Überlegungen bevorzugte er die heimatliche Währung. Siebentausend Dollar – mein Gott, das war eine Menge Geld! Er würde es sich in Hundertdollarnoten auszahlen lassen und die Scheine in die Innentasche seines Jacketts stecken, wenn er an Land ging. Gar kein Problem. Und dann, ja dann würde er sofort ein Lincoln-Kabriolett kaufen. Gleich nach der Ankunft würde er den Wagen kaufen und in ihm nach Haus fahren – nur um des Vergnügens willen, Ethels Gesicht zu sehen, wenn sie aus der Haustür trat und ihn in dem neuen Wagen erblickte. Na, wäre das vielleicht nichts, Ethels Gesicht zu sehen, wenn er in einem funkelnagelneuen hellgrünen Lincoln-Kabriolett vorfuhr! Hallo, Ethel, Süße, würde er ganz lässig sagen, ich hab mir gedacht, ich bringe dir ein kleines Geschenk mit. Weißt du, er stand im Schaufenster, als ich vorbeikam, und da fiel mir auf einmal ein, daß du dir immer schon einen gewünscht hast. Gefällt er dir, Süße? würde er fragen. Gefällt dir die Farbe? Und dabei würde er ihr Gesicht beobachten.

Jetzt erhob sich der Auktionator. »Meine Damen und Herren!« rief er. »Der Kapitän hat die Strecke, die das Schiff bis morgen mittag durchfahren wird, auf fünfhundertfünfzehn Meilen veranschlagt. Wie üblich werden wir die Eckzahlen um zehn höher beziehungsweise tiefer ansetzen, so daß die Spielskala von fünfhundertfünf bis fünfhundertfünfundzwanzig reicht. Für den, der glaubt, die richtige Zahl liege weiter nach oben oder nach unten, gibt es natürlich noch das ›obere Feld‹ und das ›untere Feld‹, die beide gesondert versteigert werden. Also, wir ziehen die erste Nummer aus dem Hut … Hier … Fünfhundertzwölf?«

Im Salon wurde es still. Die Menschen saßen regungslos auf ihren Stühlen, alle Augen waren auf den Auktionator gerichtet. Eine gewisse Spannung lag in der Luft, und sie wuchs mit jedem Betrag, der genannt wurde. Hier handelte es sich nicht mehr um ein Spiel oder einen Spaß; das verriet schon die Art, wie jemand, der überboten worden war, seinen Widersacher musterte – lächelnd zwar, aber nur mit den Lippen lächelnd, während die Augen wachsam und völlig kalt blieben.

Nummer fünfhundertzwölf wurde bei einhundertzehn Pfund zugeschlagen. Die nächsten drei, vier Nummern brachten etwa das gleiche ein.

Das Schiff schlingerte und stampfte. Jedesmal wenn es überkrengte, knackte die Holztäfelung an den Wänden, als wollte sie bersten. Die Passagiere hielten sich an den Sessellehnen fest und konzentrierten sich auf die Versteigerung.

»Unteres Feld!« rief der Auktionator. »Wir kommen jetzt zum unteren Feld.«

Mr. Botibol richtete sich auf. Sehr gerade, sehr steif saß er jetzt da. Er hatte beschlossen zu warten, bis niemand mehr bieten wollte; dann würde er einsteigen und das letzte Gebot machen. Seiner Berechnung nach mußte er noch mindestens fünfhundert Dollar auf der Bank haben, wahrscheinlich sogar etwas mehr. Das waren gut und gern zweihundert Pfund. Höher würde bei dieser Nummer bestimmt niemand gehen.

»Wie Sie alle wissen«, sagte der Auktionator, »umfaßt das untere Feld *jede* Zahl, die tiefer liegt als die untere Eckzahl, in diesem Fall jede Zahl unter fünfhundertfünf. Wenn Sie also meinen, das Schiff wird in den vierundzwanzig Stunden von heute mittag bis morgen mittag weniger als fünfhundertfünf Meilen zurücklegen, dann sollten Sie versuchen, sich diese Nummer zu sichern. Nun, wer bietet?«

Die Gebote stiegen sofort auf einhundertdreißig Pfund. Mr. Botibol schien nicht der einzige zu sein, der bemerkt hatte, daß schlechtes Wetter war. Einhundertvierzig ... fünfzig ... Dann nichts mehr. Der Auktionator hob den Hammer.

»Einhundertfünfzig zum ersten ...«

»Sechzig!« rief Mr. Botibol. Jedes Gesicht im Saal wandte sich ihm zu und starrte ihn an.

»Siebzig!«

»Achtzig!« rief Mr. Botibol.

»Neunzig!«

»Zweihundert!« rief Mr. Botibol. Um nichts in der Welt hätte er jetzt aufgehört.

Eine Pause trat ein.

»Bietet jemand mehr als zweihundert Pfund?«

Sitz still, ermahnte er sich. Sitz ganz still und sieh nicht hoch. Es bringt Unglück, wenn du hochsiehst. Halt die Luft an. Niemand überbietet dich, solange du die Luft anhältst.

»Zweihundert Pfund zum ersten ...« Der Auktionator hatte einen kahlen rosigen Schädel, auf dem kleine Schweißperlen glitzerten. »Zum zweiten ...« Mr. Botibol hielt die Luft an. »Und ... zum dritten!« Der Hammer fiel auf den Tisch. Mr. Botibol schrieb einen Scheck aus und überreichte ihn dem Assistenten des Auktionators. Dann lehnte er sich in seinem Stuhl zurück, um das Ende abzuwarten. Er konnte doch nicht zu Bett gehen, bevor er wußte, wieviel der Gesamteinsatz betrug.

Als die Versteigerung beendet war, zählte man das Geld und kam auf zweitausendeinhundert und einige Pfund. Das waren ungefähr sechstausend Dollar. Neunzig Prozent der Summe gingen an den Gewinner, zehn Prozent an eine Stiftung für Seeleute. Neunzig Prozent von sechstausend waren fünftausendvierhundert. Nun – das genügte. Er konnte den Lincoln kaufen und behielt sogar noch etwas übrig. Mit diesem erfreulichen Gedanken ging Mr. Botibol glücklich und erwartungsfroh in seine Kabine.

Als er am nächsten Morgen erwachte, blieb er einige Minuten mit geschlossenen Augen liegen, um dem Tosen des Sturmes, dem Krachen und Knarren des schlingernden Schiffes zu lauschen. Kein Sturm war zu hören, kein Krachen, kein Knarren. Das Schiff schlingerte nicht. Er sprang aus dem Bett und lugte durch das Bullauge. Das Meer – o Gott – war spiegelglatt. Das große Schiff durchfurchte die See mit voller Kraft und holte offensichtlich die während der Nacht verlorene Zeit auf. Mr. Botibol drehte sich um und ließ sich langsam auf den Rand der Koje sinken. Ein leichtes Angstgefühl löste prickelnde elektrische Ströme in seiner Magengegend aus. Es war hoffnungslos. Natürlich würde jetzt eine der höheren Nummern gewinnen.

»Ach mein Gott«, stöhnte er. »Was soll ich bloß tun?«

Was würde Ethel sagen? Es war einfach unmöglich, ihr zu gestehen, daß nahezu alles, was er in zwei Jahren erspart hatte, für einen Wettschein draufgegangen war. Ebenso unmöglich war es, ihr die Sache zu verheimlichen, denn wie sollte er sie hindern, weiterhin Schecks auszuschreiben? Und was war mit den monatlichen Raten für den Fernsehapparat und die *Encyclopaedia Britannica*? Er sah schon den Zorn und die Verachtung in dem Blick seiner Frau: Immer wenn sie in Wut geriet, verengten sich ihre Augen und das Blau wurde grau.

»Ach, mein Gott. Was *soll* ich bloß tun?«

Eines war sicher: Er hatte nicht die geringste Chance – es sei denn, das verdammte Schiff finge an, rückwärts zu laufen. Ja, wenn jemand den Kahn mit voller Kraft zurücklaufen ließe – das wäre die einzige Möglichkeit, doch noch zu gewinnen. Ob man vielleicht den Kapitän dazu überreden konnte? Mit dem Versprechen, ihm zehn Prozent des Gewinns abzutreten? Oder auch mehr, falls ihm das zuwenig war? Mr. Botibol begann zu kichern. Und dann hielt er plötzlich inne. Seine Augen und sein Mund öffneten sich weit in einem geradezu entsetzten Erstaunen. Wie ein Blitz, jäh und unerwartet, hatte ihn ein Gedanke durchzuckt, ein unerhört kühner Gedanke. Wieder sprang er aufgeregt aus dem Bett und lief zum Bullauge, um hinauszuschauen. Nun ja, dachte er, warum nicht? Warum eigentlich nicht? Die See war ruhig; es würde ihm nicht schwerfallen, so lange im Wasser herumzuschwimmen, bis sie ihn herauszogen. Er hatte das unbestimmte Gefühl, so etwas sei irgendwann, irgendwo schon einmal passiert, aber das sollte ihn nicht davon abhalten, es zu wiederholen. Das Schiff würde stoppen und ein Rettungsboot zu Wasser lassen, das sicherlich eine halbe Meile zurückfahren mußte, um ihn aufzufischen. Rechnete man noch den Rückweg zum Schiff dazu und die Zeit, die benötigt wurde, das Boot an Bord zu hieven, dann dauerte die Geschichte mindestens eine Stunde. Eine Stunde entsprach etwa dreißig Meilen. Das Schiff würde also dreißig Meilen weniger laufen. Das genügte auf jeden Fall, die Tagesleistung in das ›untere Feld‹ zu verlagern. Er mußte nur dafür sorgen, daß jemand ihn über Bord fallen sah – nun, das ließ sich mühelos arrangieren. Und es war ratsam, sich leicht anzuziehen, damit ihn beim Schwimmen nichts behinderte. Sportkleidung, ja, das war gut. Ein Hemd, Shorts und Tennisschuhe – als ob er Decktennis spielen wollte. Und seine Uhr würde er in der Kabine lassen. Wie spät war es? Viertel nach neun. Je eher, desto besser. Geh gleich ran, dann hast du es hinter dir. Viel Zeit bleibt dir sowieso nicht mehr, denn um zwölf Uhr mittags läuft die Frist ab.

Mr. Botibol war ängstlich und aufgeregt, als er in seiner Sportkleidung auf das Sonnendeck trat. Sein kleiner Körper mit den breiten Hüften und den unverhältnismäßig schmalen, abfallenden Schultern erinnerte – zumindest in der Form – an einen Schiffspoller. Die dünnen weißen Beine waren mit schwarzen Haaren bedeckt. Vorsichtig, fast unhörbar in seinen Tennisschuhen, ging er über das Deck und blickte nervös um sich. Nur eine ältere Frau mit sehr dicken Fußknöcheln und einem gewaltigen Hinterteil war zu sehen; sie lehnte an der Reling und schaute auf das Meer. Der Kragen ihres Persianermantels war hochgeschlagen, so daß Mr. Botibol ihr Gesicht nicht erkennen konnte.

Er blieb stehen und betrachtete sie aufmerksam aus

einiger Entfernung. Ja, sagte er sich, sie ist wahrscheinlich geeignet. Sie wird vermutlich genauso schnell Alarm schlagen wie jeder andere. Aber warte einen Augenblick. Laß dir Zeit, William Botibol, laß dir Zeit. Weißt du noch, was du dir eben in der Kabine geschworen hast? Weißt du es noch?

Mr. Botibol – von jeher und in allem auf äußerste Sicherheit bedacht – war nicht gewillt, tausend Meilen vom nächsten Ufer entfernt ohne entsprechende Vorsichtsmaßnahmen in den Ozean zu springen. Er war noch keineswegs davon überzeugt, daß die Frau an der Reling unbedingt und auf jeden Fall Alarm schlagen würde, wenn er über Bord sprang. Seiner Meinung nach gab es zwei mögliche Gründe, aus denen sie ihn im Stich lassen konnte. Erstens war sie vielleicht taub oder blind. Für sehr wahrscheinlich hielt er das zwar nicht, aber es war immerhin denkbar, und warum sollte er etwas riskieren? Nun, um das herauszufinden, brauchte er sich vorher nur einen Augenblick mit ihr zu unterhalten. Zweitens – und das zeigte, in welchem Maße Selbsterhaltungstrieb und Angst das Mißtrauen fördern – zweitens war ihm der Gedanke gekommen, daß die Frau vielleicht eine der höheren Nummern aus der Versteigerung besaß und somit einen triftigen finanziellen Grund hatte, keine Fahrtunterbrechung zu wünschen. Es gab Menschen, die schon für weit weniger als sechstausend Dollar einen anderen getötet hatten. Das war nichts Neues, so etwas konnte man jeden Tag in der Zeitung lesen. Warum also sollte sich Mr. Botibol auf ein Wagnis einlassen? Überzeuge dich erst einmal, daß alles seine Richtigkeit hat. Vergewissere dich. Fange eine kleine höfliche Unterhaltung mit der Frau an. Wenn sich herausstellt, daß sie nett und gutartig ist, brauchst du nichts zu befürchten und kannst leichten Herzens über Bord springen.

Mr. Botibol näherte sich wie zufällig der Frau und blieb neben ihr an der Reling stehen. »Guten Morgen«, grüßte er freundlich.

Sie drehte sich um. »Guten Morgen«, antwortete sie mit einem Lächeln, das ihrem an sich völlig reizlosen Gesicht etwas erstaunlich Gewinnendes gab und es fast schön erscheinen ließ.

Damit, sagte sich Mr. Botibol, wäre die erste Frage geklärt. Sie ist weder blind noch taub. Also weiter im Text. »Wie fanden Sie denn gestern abend die Versteigerung?« erkundigte er sich.

»Versteigerung?« Sie runzelte die Stirn. »Versteigerung? Was für eine Versteigerung?«

»Na, Sie wissen doch, diese blöde Sache, die jeden Abend nach dem Dinner im Salon veranstaltet wird. Die Tageswette. Ich hätte gern mal Ihre Meinung darüber gehört.«

Sie schüttelte den Kopf, wieder mit einem netten, sympathischen Lächeln, das diesmal ein wenig entschuldigend war. »Ich bin sehr faul«, gestand sie. »Ich gehe immer früh zu Bett. Ich esse im Bett Abendbrot. Es ist so beruhigend, wenn man im Bett Abendbrot ißt.«

Mr. Botibol lächelte ebenfalls und rückte langsam von ihr ab. »Muß jetzt gehen und meine Übungen machen«, sagte er. »Ich fange den Tag immer mit ein paar Übungen an. Es war mir ein Vergnügen, Sie kennenzulernen. Ein sehr großes Vergnügen …« Er ging etwa zehn Schritte, ohne daß sich die Frau nach ihm umschaute.

Alles war jetzt in bester Ordnung. Die See war ruhig, er war leicht angezogen, es gab mit größter Wahrscheinlichkeit keine menschenfressenden Haie in diesem Teil des Atlantiks, und die freundliche alte Dame würde Alarm schlagen. Nur eine Frage war noch offen: Konnte er das Schiff so lange aufhalten, daß ihm die Verzögerung wirklich zum Vorteil gereichte? Ja, das war so gut wie sicher. Außerdem hatte er es in der Hand, das Rettungsmanöver ein wenig auszudehnen, beispielsweise indem er dafür sorgte, daß sie ihn nicht gleich beim ersten Versuch herausfischten. Ein bißchen hin und her schwimmen, unauffällig zurückweichen, wenn sie sich ihm näherten, um ihn ins Boot zu ziehen ... Jede gewonnene Minute würde ihm zustatten kommen. Er trat wieder an die Reling, aber plötzlich packte ihn eine neue Furcht. Wenn er nun in die Schiffsschraube geriet? Er hatte von Leuten gehört, denen das passiert war, als sie über Bord fielen. Ach was, er würde ja nicht fallen, sondern springen. Das war etwas ganz anderes. Er mußte nur weit genug springen, dann entging er der Schraube bestimmt.

Mr. Botibol schritt gemächlich an der Reling entlang, bis er etwa zwanzig Meter von der Frau entfernt war. Sie schaute nicht zu ihm herüber. Um so besser. Er legte keinen Wert darauf, daß sie sah, wie er sprang. Wenn es keine Augenzeugen gab, konnte er später ohne weiteres sagen, er sei ausgerutscht und habe das Gleichgewicht verloren. Er blickte an der Schiffswand hinunter.

Tief, sehr tief würde er fallen. Und nun, bei näherer Überlegung, wurde ihm auch klar, wie leicht er sich verletzen konnte, wenn er flach auf das Wasser aufschlug. Wer hatte sich doch gleich bei einem Bauchklatscher vom hohen Sprungbrett den Leib aufgerissen? Er mußte also beim Springen auf seine Haltung achten. Kerzengerade, Füße voran. Jawohl. Das graue Wasser schien so kalt, so tief zu sein, daß ihn ein Schauer überlief, als er es betrachtete. Aber jetzt oder nie. Sei ein Mann, William Botibol, sei ein Mann. Also dann … jetzt … los geht's …

Er kletterte auf die breite Reling, hielt sich dort oben drei schreckliche Sekunden im Gleichgewicht, und dann sprang er – er sprang so hoch und so weit, wie er nur konnte, und zugleich schrie er: »*Hilfe!*«

»*Hilfe! Hilfe!*« schrie er, während er fiel. Und schon verschwand er im Wasser.

Als der erste Hilferuf ertönte, zuckte die Frau an der Reling zusammen, hob rasch den Kopf, schaute umher und sah den kleinen Mann in weißen Shorts, weißem Hemd und Tennisschuhen mit ausgebreiteten Armen und laut kreischend durch die Luft segeln. Einen Augenblick lang schien sie zu überlegen, was sie tun sollte: einen Rettungsring werfen, weglaufen und Alarm schlagen oder sich einfach umdrehen und schreien. Sie trat einen Schritt von der Reling zurück und wandte sich halb um, so daß sie mit dem Gesicht zur Kommandobrücke stand. So verharrte sie einige Sekunden, regungslos, angespannt, unentschlossen. Gleich darauf hatte sie den Schock überwunden, beugte sich über die Reling und spähte angestrengt ins Wasser, dorthin, wo es von den Schiffsschrauben aufgewühlt wurde. Ein winziger runder schwarzer Kopf tauchte aus dem Schaum, ein Arm hob sich, winkte ein-, zweimal äußerst heftig, und eine schwache, ferne Stimme rief irgend etwas Unverständliches. Die Frau beugte sich noch weiter vor und versuchte, den auf und ab tanzenden schwarzen Punkt im Auge zu behalten, aber bald, sehr bald war er so klein geworden, daß sie nicht genau wußte, ob er überhaupt noch da war.

Nach einer Weile kam eine zweite Frau an Deck. Sie war mager, hatte eckige Bewegungen und trug eine Hornbrille. Als ihr Blick auf die Frau an der Reling fiel, ging sie mit dem festen, militärischen Schritt alter Jungfern auf sie zu.

»*Hier* bist du also«, sagte sie.

Die Frau mit den dicken Knöcheln fuhr herum und sah sie an, erwiderte aber nichts.

»Ich habe dich gesucht«, fügte die Magere hinzu. »Überall habe ich dich gesucht.«

»Merkwürdig«, murmelte die Frau mit den dicken Knöcheln. »Da ist eben ein Mann über Bord gesprungen. Mit allen Kleidern.«

»Unsinn!«

»Doch, doch. Er sagte, er wollte seine Übungen machen, und sprang ins Wasser, ohne sich auszuziehen.«

»Komm jetzt mit nach unten«, befahl die magere Frau. Ihre Lippen waren plötzlich schmal geworden, ihr Gesicht hatte einen strengen, wachsamen Ausdruck, und sie sprach weniger freundlich als zuvor. »Und daß du mir nicht wieder allein an Deck gehst. Du weißt sehr gut, daß du auf mich warten sollst.«

»Ja, Maggie«, antwortete die Frau mit den dicken Knöcheln, und wieder lächelte sie ihr zartes, vertrauensvolles Lächeln. Sie nahm die Hand der anderen und ließ sich fortführen.

»So ein netter Mann«, sagte sie. »Er hat mir zugewinkt.«

Aufbruch ins Weite

Georg Heym

Die Meerfahrt

Von Neapels Lustgestaden
Fuhren wir hinaus ins Weite,
Uns ein schönes Festgeleite
Kamen durch die goldnen Wogen
Die Delphinen nachgezogen.
O, ihr Frohen und ihr Schnellen!

Und es tauchten in die Wellen
Steil in breit geschwungnem Bogen
Weißer Möwen Prachtgefieder
Glitzernd in den Schaum hernieder,
O, ihr Stolzen und ihr Hellen!

Laßt die Purpursegel schwellen!
Reicht mir Silberpfeil und Bogen,
In das Leuchten ihn zu schnellen.
Und hinauf ihm nachzuschauen,
Wo die Tiefen blendend blauen.

Sehet, in die Glut und Helle
Immer steigt und steigt der Schnelle
Und aufjauchzend folgen wir.

O ihr Frohen und ihr Schnellen
O ihr Stolzen und ihr Hellen,
Seht, nun sind wir gleich wie ihr.

Ein Wiedersehen an Bord*

Sie gingen leise durch den weißen Gang mit den rotbraunen Mahagonitüren. Sie gingen ziemlich weit über einen dicken, weichen Teppich. Schließlich machte der Steward eine Tür auf und ließ sie in ihre Kabine eintreten: eine einfache Kabine, wie sie auf Postdampfern zu finden sind. Hell gestrichen, mit einer Kokosmatte am Boden. Zwei übereinandergeordnete Betten aus lackiertem Holz. Darüber ein rundes, dickglasiges Fensterchen in blitzblankem Messingrahmen. Ein Waschtisch aus Porzellan und ein Spiegel waren in die Wand eingebaut. Das Ganze hätte eher wie ein sauberes, aber allzu nüchternes Krankenhauszimmer ausgesehen, wären die Betten nicht mit bunt geblümtem Cretonne bedeckt gewesen.

Maja sah sich zufrieden um.

»Eine ausgezeichnete Kabine«, sagte Charlotte begeistert. »Die Luke führt aufs untere Promenadendeck, und so haben wir nachts in den Kojen frische Luft.«

Sie hatte nun seit Wochen genug Schiffspläne studiert, um sich in diesen Dingen gründlich auszukennen.

»Aber klein!« sagte Lenchen, tief enttäuscht. »Und nur ein Schrank!« fügte sie nach kurzer Umschau noch enttäuschter hinzu.

»Ja, glauben Sie denn«, fragte Charlotte, »daß wir hier in einem Hotel sind, Lenchen? Das ist ein Schiff! Ein Seeschiff! Ein Wasserschiff! Haben Sie verstanden, Lenchen?«

»Ich sehe nur eins«, antwortete Lenchen leise, aber bestimmt, »daß die gnädige Frau hier unmöglich vier Tage wohnen kann.«

Und bei dieser Meinung blieb sie. Wo nur ein kleiner Schrank sei, keine Kommode, wo man die Kleider in Koffern aufheben müsse, das eigne sich nicht zum Aufenthalt für ihre Gnädige. Vergeblich versuchten Maja und Charlotte sie zu beruhigen, zu überzeugen: sie erklärte mit einem Nachdruck, den man noch nie an ihr gesehn, daß der »Quirinale« ein unmögliches Schiff sei.

Und das Klagen wäre wohl endlos weitergegangen, wenn ihr der gekränkte Dampfer nicht eine Überraschung bereitet hätte. Plötzlich hörte man ein Klingelzeichen in der Tiefe: kurz, hart und eindringlich. Dann ein zweites und drittes. Und schließlich begannen sich die Maschinen zu bewegen.

Ein leises Zittern, das Charlotte mit Freude erfüllte, ging durch Boden und Wände. Die Gläser über dem Waschtisch klangen leise an.

Aber Lenchen, die einmal irgend etwas von Seebeben gehört hatte, blieb die Sprache fort.

»Und was nun?« sagte sie nach langer Pause.

»Es geht los!« rief Charlotte. Und ehe sich die Zofe umsehen konnte, war sie verschwunden und an Deck geeilt.

Maja setzte sich nieder, denn der Tag in Venedig hatte sie doch ermüdet. Ein Mann kam und brachte das Handgepäck. Es wurde unter dem Bett verstaut.

»Und der große Koffer?« fragte Lenchen erstaunt.

Maja erklärte ihr, daß der Koffer im Laderaum untergebracht worden sei und während der Seefahrt nicht gebraucht werde.

»Packen Sie nur das Nötigste aus«, sagte sie. »Hängen Sie die Kleider in den Schrank, die Mäntel dort an die kleinen Messinghaken, und stellen Sie das Waschköfferchen so auf den Schemel, daß man gut daran kann. Sonst nichts.«

»Ich möchte wissen«, meinte Lenchen, während sie ihre Arbeit begann, »wozu mich gnädige Frau eigentlich mitgenommen haben.«

In dem Augenblick stürzte Charlotte herein.

»Weißt du, Mama«, rief sie, »daß wir fahren? Ganz langsam, denn die Lagune ist voller Schiffe. Es schaukelt sogar schon ein wenig.«

Es schaukelte gar nicht: die Lagune war still wie ein See. Aber Charlotte bildete es sich ein, weil sie wollte, daß es schaukle. Und Lenchen, die nun allein in der Kabine zurückblieb, bildete es sich auch ein, weil sie sich davor fürchtete.

Fast gewaltsam führte Charlotte ihre Mutter, die eigentlich gar keine Lust mehr dazu verspürte, hinaus. Sie nahm sie bei der Hand, zog sie die breite Treppe hinauf, die vom Kabinendeck zum Salondeck führte, und brachte sie auf den oberen Promenadenumgang. Es war auch hier bereits still. Nur einige wenige Passagiere saßen lesend im großen Speisesaal, denn der Rauchsalon war schon geschlossen worden. Es mochte fast zehn Uhr abends sein. Man konnte das auch an den Lichtern der Stadt erkennen, denn während das Schiff nun langsam die Riva degli Schiavoni entlang glitt und sich den Wohnquartieren näherte, die in der Gegend der königlichen Gärten liegen, sah man von Bord in halbdunkle Straßen und schwarze Höfe hinein. Bald konnte man nur noch die Lichter unterscheiden, die in der Lagune den Weg wiesen. Ein ganz leiser Wind, der von den Alberoni herwehte und in dem der Duft der Lidogärten war, schaukelte sanft die Leuchtbojen. Ihr Schein fiel ins Wasser, schlängelte sich zwischen zarten Wellenketten heran und schien so von Ufer zu Ufer zu wandern.

»Es ist, als ob man schwebte«, sagte Charlotte zu ihrer Mutter. »Ich spüre es deutlich, daß unter uns die Tiefe ist, und daß wir von etwas zart Bewegtem getragen werden. Du nicht auch?«

Maja fand, daß der »Quirinale« sehr ruhig seinen Weg durch die Lagune zog. Aber sie wollte Charlottens Phantasien nicht stören und sagte: ja.

»Hast du schon jemals gelesen«, fuhr Charlotte fort, »daß ein Mensch begeistert von einer Eisenbahnfahrt erzählt? Ich nicht. Aber Schiffsreisen – wer das erlebt hat, der hat's auch begeistert beschrieben. Und ich glaube, das hängt nicht nur mit den schönen Aussichten zusammen, die man auf Seereisen hat. Schöne Aussichten gibt's auch auf der Bahn. Auch gar nicht mit den Bequemlichkeiten, denn die tun zwar wohl, aber sie begeistern nicht. Was begeistert, Mama, das ist das Schweben! Du siehst den Himmel. Aber du weißt nicht, wo er endet. Du siehst das Meer, aber du weißt nicht, wie tief es ist. Und zwischen diesen beiden ungewissen Unendlichkeiten gehst du auf schwankendem Boden und meinst Flügel zu haben.«

Es war nun wirklich ein ganz klein wenig Seegang herangekommen. Der Dampfer zitterte etwas stärker und bewegte sich auch. Maja und Charlotte, die Arm in Arm auf und nieder gingen, fühlten sich manchmal leicht emporgehoben, und einmal wurden sie sogar gegen ihren Willen an das Geländer gedrückt.

»Es muß stürmisch sein draußen!« sagte Charlotte. »Wenn es schon in der Lagune so bewegt ist!«

»Da will ich mich lieber vorher zu Bett legen«, antwortete Maja. »Und außerdem nach Lenchen sehn, die wahrscheinlich bereits in Weltuntergangsstimmung auf den Koffern sitzt.«

Charlotte begleitete ihre Mutter in die Kabine. Und wirklich, Lenchen empfing sie mit tränenfeuchten Augen und mit der entsetzten Frage:

»Sturm?«

Es dauerte eine Weile, bis Charlotte die Zofe beruhigt, in ihre Kabine begleitet und dazu überredet hatte, sich ruhig und unbesorgt ins Bett zu legen. Als sie ging, hörte sie noch, wie Lenchen sorgfältig die Kabine von innen verschloß.

Das junge Mädchen wollte noch an Deck bleiben und die Ausfahrt ins offene Meer beobachten. Sie ging nun allein über das einsame Schiff. Fast überall an Bord waren die Lichter erloschen. Nur an einigen Kreuzungspunkten brannten noch in weiß lackierten Drahtgitterchen kleine Lampen, und von der Kommandobrücke warfen die zwei Weglaternen ihren roten und grünen Schein auf das Vorderdeck. Alle Formen verschwanden in der Dunkelheit. Masten und Taue dehnten sich hinauf in die Nacht. Ganz oben leuchtete unter den Sternen die Signallaterne des Vordermastes. Am Heck, wo ebenfalls ein helles Signallicht die brodelnden Kielwasser silbern erglänzen ließ, wurde, da man aus Stadtsicht kam, die grünweißrote Fahne eingezogen.

Der Tag der Seeleute war beendet. Nur vor dem Glashaus der Kommandobrücke ging ein schmächtiger, kleiner Offizier hin und her und blies den Rauch seiner Zigarette in den Wind. Und dieser Rauch begleitete als winzige Parallele den schwarzen Qualm des Schlotes, der in sich überstürzenden Schwaden noch dunkler als die Nacht in der Fahrtrichtung davontrieb.

Charlotte suchte nun das oberste Deck auf. Eine schmale, messingbeschlagene Treppe führte hinauf. Es dehnte sich weiß und breit. In der Mitte erhoben sich einige längliche Kabinen, die Wohnung des Kapitäns, dazwischen stand der schwarze Schlot, und vorne wurde es von dem runden Bau der Kommandobrücke abgeschlossen. Zu beiden Seiten hingen die dickwanstigen Rettungsboote, die Charlotte schon am Tage beobachtet hatte.

Die schlafen immer, dachte sie. Ob nun wohl auch der dickwanstige Herr Kapitän schläft?

Sie setzte sich auf eine Bank, die zwischen den Rettungsbooten stand. Der Platz gefiel ihr, denn an dieser Stelle hatte man statt einer Reling, die beim Herablassen der Boote hinderlich gewesen wäre, ein Geländer aus Tauen geschaffen. Hier fühlte man sich freier: dichter an Luft und Meer. Hier schwebte man wirklich hoch über den Wassern; von hier sah man weit hinaus über Venedig, dessen Lichter nun immer schwächer leuchteten, erkannte andere, fernere Städte in der Lagune und all die hundert Leuchttürme und Leuchtfeuer, die sie bei Nacht beleben.

Charlotte beobachtete genau die Bewegungen des Schiffes: sie waren noch immer nicht stärker geworden. Im Gegenteil. Während man durch den Lidomund dem offenen Meere zufuhr, stand der Dampfer fast still, und der Wind schien zu schweigen. Zwei große Pappeln am Ufer reckten sich unbewegt. Kein Laut war überm Wasser. Bis die offene See erreicht war.

Man spürte es nicht an der Bewegung: das Meer schien heute stiller als die Lagune zu sein. Aber am Wind. Das war mit einemmal ein Wind, der weit, weit herkam. Aus Griechenland, dachte Charlotte. Über die Adria. Ein Wind, der schon tausend Wellen bewegt und tausend Möwen getragen und Segel getrieben und Blumen bestäubt hatte. Ein Wind, der salzig und feucht war wie die See selbst.

Sie stand auf. Dieser Wind regte sie auf. Es war der Wind einer weiten Reise, der plötzlich in ihre Haare gefallen war.

Leise, nur ganz leise. Denn sie stand fast im Windschatten. Aber sie ging nun in den Wind hinüber, um zu sehn, aus welcher Richtung er käme. Er kam aus Südwesten und trieb mit solch fester Kraft daher, daß er ihr die Haare um den Kopf schlug und sie plötzlich in Dunkel gehüllt war. Sie brauchte einen Augenblick, um sich von ihren Haaren zu befreien und um wieder sehen zu können.

Als sie aber wieder sah und ihre Blicke in die Ferne richten wollte, bemerkte sie vor sich einen Mann. Auch ihm hatte der Wind einen Streich gespielt: hatte seinen breitkrempigen Hut zusammengebogen, so daß er ihn mit beiden Händen fassen und wieder aufbiegen mußte.

An diesem Hut und unter diesem Hut erkannte Charlotte Thomas Durkley.

Und auch Durkley erkannte sie sofort.

»Sie können tun, was Sie wollen, sich in Kirchen verstecken und in Gondeln davonschwimmen, Herr Durkley, man findet Sie doch. Und sei es selbst nächtlicherweile auf dem Mittelmeer!« rief Charlotte. Sie gab ihm die Hand.

Thomas Durkley blieb trotz seines Berufes ein schüchterner Mensch. Nicht einmal als Diplomat – er hatte schon in mancher Herren Ländern seinem Land gedient – war es ihm gelungen, die Schüchternheit zu überwinden, die ihn in Eton zu einem viel verspotteten Stubenhocker und in

Oxford zu einem bestaunten Einsiedler gemacht. Und wie alle schüchternen Menschen brachte ihn seine plötzliche Entdeckung in die peinlichste Verlegenheit. Er zog den Hut ab, was dazu führte, daß ihm der Wind sein seidenweiches Haar von rückwärts in die Augen wehte. Und da er nun wieder nichts sah, fühlte er sich doppelt behindert und erwiderte Charlottens Begrüßung zunächst durch ein langes Schweigen.

»Ja, wieso fahren Sie denn nach Griechenland?« fragte er endlich.

»Ja, wieso fahren *Sie* denn nach Griechenland?« antwortete Charlotte sofort.

Wenn das junge Ding nur nicht so rasch wäre! dachte der Engländer. Er hatte einen Winter in Berlin verbracht, beherrschte das Deutsche leidlich. Aber in diesem Augenblick, bei dieser nächtlichen Begegnung fühlte er seine Kenntnisse schwinden und schwinden. Er war froh, als Charlotte wieder das Wort ergriff.

»Ja, wir hatten uns Sie in Chile gedacht! Heute abend glaubten wir dann, Sie in San Marco zu sehen. Aber Mama meinte –«

»Auch Ihre Frau Mutter?« fragte Durkley unterbrechend.

»Auch Mama«, antwortete Charlotte. »Mama und ich reisen zusammen. Und – wenn Sie sich erinnern sollten – Lenchen ist auch dabei.«

Sie erklärte ihm nun Zweck und Ziel ihrer Reise: ausführlich, eingehend.

»Ihnen machen natürlich der ›Quirinale‹ und die Adria gar keinen Eindruck«, sagte sie. »Sie haben ja schon viel größere Reisen hinter sich! Sie sind wochenlang über See gefahren.«

Allmählich verlor auch Thomas Durkley die anfängliche Schüchternheit. Er war schließlich im Hause Schott aus und ein gegangen. Er hatte mit Charlotte unzählige Male Tennis gespielt, hatte oft Ausflüge mit Schotts unternommen. Warum sollte er schüchtern sein?

Jedenfalls legte er sich diese Frage vor. Denn das war seine Art, diese verfluchte Schüchternheit wenigstens etwas zu überwinden. Sie half ihm auch diesmal. Sie machte ihn wenigstens fähig, zu erzählen, daß er sich in Chile gar nicht wohlgefühlt habe, um eine Versetzung eingekommen sei und sich nun auf seinen neuen Posten nach Athen begebe.

Er brachte das langsam vor, sehr langsam. Aber heraus kam es doch.

Seltsamer Mensch, dachte Charlotte. Schüchtern wie ein Kind. Ungeschickt wie ein Kind. Warum? Ein begabter, gescheiter, gut aussehender Mann wie Thomas Durkley!

»Mama wird sich sehr freuen«, sagte sie.

»Glauben Sie wirklich, daß sich Ihre Mutter freuen wird?« antwortete Thomas Durkley ganz ernst.

Charlotte sah ihn erstaunt an. Warum in aller Welt sollte sich Mama eigentlich nicht freuen? Das wäre doch gar nicht ihre Art gewesen. Mama hatte eigentlich alle Menschen gern – auch die, die es gar nicht verdienten –, war gut und herzlich zu ihnen und nahm sie freundlich auf. Warum sollte sie ausgerechnet Thomas Durkley nicht gut aufnehmen?

Dumme Frage! dachte Charlotte. Aber nun war plötzlich auch sie verlegen und sogar ein wenig verschüchtert.

»Es ist Zeit, daß ich mich niederlege«, sagte sie, »denn ich möchte morgen den Sonnenaufgang über der See nicht versäumen.«

Als sie in die Kabine kam, schlief Maja schon fest. Es gelang Charlotte, sich so leise niederzulegen, daß sie nicht aufwachte. Sie freute sich darüber, daß ihr die Mutter die obere Koje gelassen hatte, die, die hoch über dem Raume lag: sie fand es schiffsmäßiger, so zu liegen. Die Luke stand offen, der Seewind glitt leise an ihr vorüber. In der Ferne erkannte sie noch die Lichter eines vorüberfahrenden Dampfers.

Aber sie war zu erregt, um schlafen zu können: vom Wind, von der Bewegung des Schiffes und dem nervösen Zittern der Maschinen. Auch von der dummen Frage, die Thomas Durkley an sie gerichtet hatte.

Dazu kam, daß es gar nicht still werden wollte um sie. Hin und wieder hörte man in der Tiefe des Schiffsrumpfs einen Ruf, vielleicht einen Befehl der Maschinenmeister. Dann wieder vernahm sie das Scharren der Kohlenschaufeln. In regelmäßigen Abständen läutete eine Glocke auf Vorderdeck: das Signal zum Dienstwechsel. Und vor allem war es ein Geräusch, das sie am Schlafen hinderte: über ihrem Kopf, auf dem oberen Promenadendeck ging ein Mensch auf und ab. Man hörte, daß er nicht sehr sicher ging, daß ihn der Seegang hinderte, einen Fuß regelmäßig vor den andern zu setzen. Aber davon ließ er sich nicht abschrecken, hielt auch nicht einen Augenblick in seinem Spaziergang inne, und immer wieder vernahm Charlotte seine Schritte, ferner und dann wieder näher, mit einer ermüdenden Regelmäßigkeit.

Unruhig drehte sie sich ein paarmal in ihrer Koje herum. Bis die Mutter, die ebenfalls von den Schritten des Spaziergängers erwacht war, bemerkte, daß Charlotte nicht schlief, und leise sagte:

»Wenn der Mensch da oben nur endlich seinen Spaziergang einstellen wollte!«

»Ich wollte es ihm ja verzeihen«, antwortete Charlotte, »wenn's nötig wäre, wenn er Wache hätte oder sonst einen Dienst. Aber so, bloß um Luft zu schnappen – da könnte er auch auf dem Sonnendeck bleiben, nicht wahr?«

»Vielleicht ist es der Wachthabende«, meinte Maja.

»Der nicht«, erwiderte Charlotte. »Aber ich würde mich gar nicht wundern, wenn's Thomas Durkley wäre.«

Sie erzählte nun ihrer Mutter, wie sie Durkley begegnet war und was sie von ihm gehört hatte. Aber seine seltsame Frage verschwieg sie ihr. Sie wußte, daß Mama solche Fragen – Fragen, die etwas bedeuten wollten und zugleich überflüssig waren – gar nicht leiden konnte. Sie hätte sonst von vornherein etwas gegen den Engländer gehabt, der sich vielleicht in seiner angeborenen Schüchternheit nur verplappert und weiter nichts mit seiner Bemerkung gemeint hatte. Und so kam es, daß Maja die Nachricht mit wirklicher Freude aufnahm.

»Wir werden eine sehr angenehme Reisegesellschaft haben«, sagte sie. »Morgen früh wird seine Schüchternheit nur noch halb so groß sein, und du wirst sehn, daß er gegen Abend schon fast zu gesprächig geworden ist. Wie alle schüchternen Leute redet er nämlich entweder zu wenig oder zu viel.«

»Ich will mir von ihm ganz genau erklären lassen«, antwortete Charlotte, »wie die Ozeandampfer sind und was dem ›Quirinale‹ fehlt, um wirklich ein Hochseeschiff zu sein.«

»Wenn sich Thomas Durkley herabläßt, über solche materiellen Dinge mit dir zu sprechen«, erwiderte Frau Maja.

»Aber du siehst ja, daß er noch immer der gleiche ist, spazierengeht, wenn andere schlafen und wahrscheinlich die Verse schreibt, von denen seine Freunde erzählen, und die noch nie ein Mensch gesehen hat.«

In dem Augenblick bemerkten sie, daß Thomas Durkley seinen nächtlichen Spaziergang eingestellt hatte. Sie horchten dann, wie sich in ihrer Nähe eine Kabinentür öffnete. Der Engländer legte sich nun auch nieder.

Bald darauf schliefen sie ein.

Die Wellen zogen ihren Weg um das Schiff, leise rauschend. Der Wind glitt an der offenen Koje vorüber.

Charlotte träumte, daß er viele Schiffe vor sich hertriebe: kleine erleuchtete Schiffe. Die blitzten immer wieder auf dem Wasser auf. Wie Leuchtkäfer oder wie Leuchtbojen. Oder weil die Wellen sie auf und nieder senkten. Und mitten unter ihnen war ein ganz kleines Schiff aus rotbraunem Mahagoniholz, messingbeschlagen wie die Koje, in der sie lag. Es schaukelte sehr. Und hatte einen langen, langen Mast. Und wie sich Charlotte diesen langen Mast genauer ansah, war's Thomas Durkley, der in dem Boot aufrecht stand und seine Hände emporreckte, ganz hoch, bis in den Wind hinauf. Und mit den Händen hielt er seinen großen hellen Hut ausgebreitet. Der war riesenhaft geworden, breit und aufgepustet, so daß er den Wind auffing. Und diente als Segel. Mit diesem Segelhut segelte Thomas Durkley in seinem mahagonifarbenen Kojenboot und mit seiner endlosen Mastgestalt immer wieder an Charlotte vorbei, bis der erste Tagesschimmer ganz zart im Messingrund der Luke erschien und das Mädchen aufwachte.

Sie war vollkommen wach, glitt lautlos von ihrer Koje auf den Boden, kleidete sich rasch an, ohne daß die Mutter es merkte, und kam dann gerade rechtzeitig auf Deck hinauf, um noch einmal die sinkende Nacht zu sehen, die wie eine riesige dunkle Gewitterwolkenbank im Westen über dem Meere stand. Schon gehörte der Osten dem Tag. Sein perlmutternes Licht fiel in eine leise bewegte See. Der Morgenwind kräuselte Wellengitter an Wellengitter und warf immer wieder seine schwarzblauen Böennetze nach schnappenden Spritzerfischchen aus. Aber die grauen Schatten, die noch von Westen hier ins Meer fielen, legten sich besänftigend in die Wellentäler. Auch blitzten bald die ersten klaren Sonnenstrahlen von Osten über die Kämme. Gläsern und klar wurde das Wasser unter ihrer Berührung. Das Metallische, das es nun mit einem Male durchsponn, gab ihm Halt: es schien plötzlich stillezustehn. Und als die Sonne dann endlich riesengroß und strahlend am Himmel stand und der Morgenwind schwieg und alle Wellen klein und golden wurden, da erkannte man, daß ein wundervoll ruhiger und sonniger Tag über der Adria begonnen hatte.

Sicher und still, begleitet vom Rauschen silbernen Kielwassers, zog der »Quirinale« seinen Weg; keinen Fußbreit schien er abzuweichen von der unsichtbaren Straße, die durch die Wellenunendlichkeit für ihn gezogen war. Nirgends Land. Als Charlotte diese Sicherheit sah, erschien sie ihr fast als ein Wunder. Denn nirgends erblickte sie einen Menschen, der das Schiff lenkte; an Deck war es still wie auf der See. Bis sie schließlich das Sonnendeck erreichte und auf die Kommandobrücke zuging. Dort, im Steuerhäuschen stand ein alter Mann, unbeweglich, verträumt – als ob er die ganze Nacht so gestanden hätte – und hielt mit dem Gewicht seines Körpers das Ruderrad.

Doch allmählich mit dem überall vordringenden Sonnenlicht belebte sich auch das Deck. Es mochte gegen fünf Uhr morgens sein, als ein paar barfüßige Matrosen in hellblauem Leinenzeug aus dem Vorderkastell kamen. Sie schraubten an eine Pumpe, die dort neben den Ladewinden stand, einen großen, roten Schlauch an, hißten ihn dann mit einigem Umstand aufs Mitteldeck hinauf. Das Seewasser floß nun bald in Strömen über die Planken, rann in schmalen Kanälen die Bordwand entlang, wurde fächerförmig von ihren Besen über die hellen Bretter getrieben. Bald darauf erschienen andere Matrosen mit Lederlappen und Putzbüchsen und machten sich über das Messing her, das überall auf dem Schiffe verteilt war: Geländer, Treppenbeschläge, Klinken und Fensterrahmen. Andere wieder trugen große Segeltücher auf das oberste Deck hinauf und spannten sie gegen die Sonne aus. Dann wurde es im Salon lebendig. Die Stewards klapperten mit Tassen und Bestecken, öffneten und putzten Fenster, rieben die Mahagonimöbel und -täfelungen mit weichen Lappen ab, breiteten Tischtücher aus, ordneten Blumen in dickglasigen Vasen.

Charlotte spazierte von Deck zu Deck und beobachtete alles, was es nur irgend zu sehen gab. Denn nichts schien ihr uninteressant, was sich hier am Morgen auf dem Dampfer ereignete. Etwas erstaunt sahen Matrosen und Stewards das junge Mädchen an, das schon so früh aufgestanden war und so emsig hin und her ging, als ob es all diese Morgenarbeiten der Seeleute zu überwachen hätte. Und das nun auch als erste im großen Salon erschien und ein Frühstück verlangte.

Dann, während Charlotte auf ihren Kaffee wartete, kamen allmählich auch die anderen Bewohner des Schiffes hervor. Allen voran der Kapitän. Kaum hatte er seinen runden Leib durch die Tür geschoben und seine Mütze abgenommen, blieb er erschreckt stehen. Das junge Mädchen, dachte er, das kannte er ja! Sehr genau sogar. Er hatte es ganz aus der Nähe gesehn: mit dem Fernrohr. Der Kapitän fühlte sich peinlich getroffen. Aber Charlotte half ihm über die Verlegenheit fort, sah ihn freundlich und sogar herzlich an. Frech war er ja gewesen, aber der Kapitän war er doch. *Ihr* Kapitän, der Kapitän *ihres* Schiffes.

Und der Kapitän, sichtlich befreit, raffte sich zusammen, machte einen Versuch, seinen Bauch einzuziehen, und grüßte. Charlotte war sehr begeistert darüber, daß *ihr* Kapitän sie so freundlich gegrüßt hatte.

Er ließ sich in einem breiten Stuhle nieder, der am Ende des Mitteltisches stand, schlenkerte seine steif gestärkten weißen Manschetten aus den dunkelblauen Ärmeln seiner Uniform heraus und tat einen Blick in die Tasse, die vor ihm stand. Dieses Schiffsgeschirr sah aus wie der Kapitän: blau und weiß und sehr dick. Die schwere Silberkanne saß auf dem Tisch so fest wie er auf seinem Stuhl. Die rundlichen Löffel hatten die Gestalt seiner Finger.

Kaum hatte er sich gesetzt, eilten die Stewards herbei, um ihn zu bedienen. Aber sie mochten ihm bringen, was sie wollten, er rümpfte die Nase, verzog die Mundwinkel, schickte immer wieder in die Anrichte zurück. Trotzdem begann er dann mit Behagen sein Frühstück zu verzehren und ließ sich darin auch nicht stören, als ein weiterer Passagier den Raum betrat und sich neben ihn setzte.

Es war ein großer, breitschultriger Mann von etwa vierzig Jahren. Seine schwarzen, glatten Haare trug er an der Seite sauber gescheitelt, seine dunkle Haut glattrasiert. Er hatte ruhige, dunkle Augen, eine leicht gebogene Nase, einen kleinen, sauber gekämmten Schnurrbart. In blauem Anzug, steifem weißem Kragen und dunkler Krawatte sah er äußerst korrekt aus, und Charlotte hielt ihn mit Recht für einen italienischen Offizier in Zivil.

Der Kapitän kannte ihn offenbar schon, sie waren wahrscheinlich von Triest an zusammen gereist. Jedenfalls redete der Breitschultrige sofort auf den Kapitän ein, der aufmerksam zuhörte. Es konnte Charlotte nicht entgehen, daß sie selbst der Gegenstand ihrer Unterhaltung war, denn von Zeit zu Zeit blickten die beiden Männer vorsichtig zu ihr hinüber. Das wurde auch nicht anders, als ein dritter Mitreisender den Speisesaal betrat, der sich ebenfalls sofort zu den beiden setzte: ein kleiner, kugelrunder, kahlköpfiger Herr mit grauem Schnurrbart, blitzblankem Kneifer und einem auffallend fuchsroten, stark auf Taille gearbeiteten Anzug. Charlotte gelang es nicht, diesen dritten einzureihen. Sie bemerkte nur, daß die Unterhaltung jetzt nicht mehr auf italienisch, sondern auf französisch geführt wurde, daß der Kahlköpfige also offenbar kein Italiener war. Auch er mußte den beiden anderen schon von Triest her bekannt sein. Denn er nahm sofort Anteil an ihrem Gespräch, und auch er schielte hin und wieder zu Charlotte hinüber, die, in Verlegenheit gebracht, das Muster aus Ankern und Merkurstäben betrachtete, mit dem das Schiffsgeschirr des »Quirinale« geschmückt war.

Sie fühlte sich erleichtert, als schließlich auch Thomas Durkley im Salon erschien. Er sah blaß und müde aus. Seine Haut war durchscheinend wie Seide, und seine hellblauen Augen lagen in dunklen Gruben. Auch schien sein Schritt etwas unsicher: die leichte, ganz leichte Bewegung des Schiffes teilte sich seinem Gange, seiner langen Gestalt mit, als er nun mit einem freundlichen, aber immer noch etwas verlegenen Lächeln auf Charlotte zukam und ihr die Hand gab.

In dem Augenblicke verstummte die Unterhaltung am Tische des Kapitäns, und alle drei Männer richteten ihre Augen auf Thomas Durkley. Es war ein Glück, daß er ihnen den Rücken kehrte, daß nur Charlotte ihre neugierigen Blicke sah, sonst wäre der lange Engländer vor lauter Verlegenheit wahrscheinlich überhaupt nicht zum Sprechen gekommen.

»Gut geschlafen, Fräulein Charlotte?« fragte er höflich.

»Zum Glück sehr früh aufgestanden«, sagte Charlotte. »Der Morgen war herrlich. Und Sie?«

»Leider zu spät ins Bett gegangen«, antwortete Durkley. »Die Nacht war wundervoll. Und dann –«

Er unterbrach sich.

Gedichte gemacht, dachte Charlotte.

Thomas Durkley erkundigte sich danach, wie Maja geruht habe.

»Ich glaube, gut«, antwortete Charlotte. »Aber Sie können sich gar nicht vorstellen, wie überrascht Mama gestern war, als sie hörte, daß auch Sie auf unserm Schiff reisen! Sie hat sich natürlich sehr gefreut, Sie so unerwartet wiederzufinden.«

Charlotte dachte darüber nach, warum diese Bemerkung den Engländer wieder in eine so seltsame Verlegenheit brachte. War es ein Zufall, daß er plötzlich schwieg? Daß er die Eier kalt werden ließ, die ihm der Steward mit flinker Handbewegung vorgesetzt hatte?

Oder machte Thomas Durkley wieder Verse?

Was für Verse? Worüber? Verse, von denen alle seine Freunde wußten, und die niemals ein Mensch gesehen hatte, sagte Mama. Charlotte fühlte plötzlich eine ganz unbändige Lust, diese Verse kennenzulernen.

Wahrscheinlich vertraute ihnen Durkley all die Worte und Sätze an, die er tagsüber verschluckte. Und das waren sehr viele. Wahrscheinlich schlief er deswegen schlecht und sah blaß aus am Morgen und kam immer in Verlegenheit. Ein Mensch, der Verse zu schreiben gewohnt ist, der sich in Versen ausdrückt, muß in Verlegenheit kommen, wenn er Prosa zu sprechen hat. Er kann vielleicht überhaupt nur in Versen sprechen. Und sie beschloß bei sich, diese Seereise dazu zu benutzen, um Thomas Durkleys Gedichte kennenzulernen.

»Wundervoller Morgen heute, nicht wahr?« sagte sie. –

Durkley nickte und sah auf seinen erkaltenden Tee hinab.

»Eine Beleuchtung heute früh!« fuhr Charlotte fort. »Dieser Übergang von der Nacht zum Tage, dies erste Licht auf den Wellen! Sie hätten es sehen müssen, Herr Durkley.«

Der Engländer schwieg.

»Ich möchte wissen, was es auf Sie für einen Eindruck gemacht hätte«, meinte Charlotte. »Ich jedenfalls – wissen Sie, es ist schwer zu beschreiben. Aber wenn ich Verse machen könnte – heute früh hätte ich welche geschrieben!«

Sie unterbrach sich einen Augenblick. Dann legte sie ihre Hand auf Thomas Durkleys Arm, neigte sich ein wenig zu ihm hinüber, lächelte ihn ein wenig an – sie hatte diese Art, das Vertrauen der Menschen zu gewinnen, der Mutter abgeguckt – und sagte:

»Nicht wahr, Thomas Durkley, auch Sie schreiben Verse?«

»Meine Freunde«, antwortete der Engländer trocken, »trauen mir trotz meiner dreißig Jahre solche Dummheiten zu.«

Charlotte kannte Durkley gut genug, um zu wissen, daß auch das eine Verlegenheitsantwort war. Aber sie beschloß, für den Augenblick nicht weiter zu forschen.

»Ich will sehen«, sagte sie, »was die Sonne inzwischen aus dem Meer gemacht hat.«

Während sie den Saal verließ, spürte sie im Rücken die Blicke, die das Drei-Männer-Kollegium der Kapitänstafel ihr nachsandte: sehr eindringliche und sehr neugierige Blicke.

Es ist, als ob solche Leute Fernstecher statt Augen hätten, dachte Charlotte.

Sie mochte vielleicht eine halbe Stunde allein in der Sonne spazierengegangen sein, als sie auf dem unteren Promenadendeck an einer offenen Kabinenluke vorbeikam. Ein kleines hellgraues Gardinchen, das darin hing, war halb zurückgezogen. Sie sah im Hintergrund die Mahagonibetten, die geblümte Cretonne und den weißen Waschtisch, die sie aus ihrer eigenen Kabine kannte. Die obere Koje war leer. Und daran lehnte, ellenlang wie er war, mit einem Arm gestützt, Thomas Durkley. Und schrieb.

Offenbar Verse, dachte Charlotte.

Kurz darauf kam Durkley auch an Deck.

»Und Ihre Mutter?« fragte er. »Schläft sie noch?«

»Ich wollte gerade einmal nachsehen, wie es ihr geht«, antwortete Charlotte. »Sie ist zwar gewöhnt, sehr spät aufzustehn, aber es ist jetzt mindestens zehn Uhr.«

Sie verschwand im Stiegenhaus.

Sie ging die Mitteltreppe hinunter, hielt sich einen Augenblick bei der Seekarte auf, die dort aufgehängt war, und betrat dann den Gang. In langer Reihe sahen sie die geschlossenen Türen an. Nur eine stand offen: es war die Tür, die in Thomas Durkleys Kabine führte.

Charlotte wußte genau, daß sie etwas sehr Unschickliches tat, als sie nun diese Kabine betrat. Sie sah sich vorher noch einmal um, ob kein Steward sie bemerke, ob Mamas ganz nahe gelegene Tür noch geschlossen sei. Alles war ruhig. Was macht's? dachte Charlotte. Ich muß doch einmal sehen, ob diese Räume wirklich alle gleich sind. Und ich tu's doch nur, weil mich das Schiff so interessiert und alles, was damit zusammenhängt. Schließlich unternehme ich zum erstenmal in meinem Leben eine Seereise. Und wenn ich neugierig bin – –

Thomas Durkleys Kabine sah ganz genau wie Schotts Kabine aus. Was Charlotte natürlich im voraus gewußt hatte. Es war also wirklich sinnlos und außerdem frech, daß sie die Schlafstätte des Engländers betrat. Wie peinlich das dem schüchternen Durkley gewesen wäre, wenn er's gewußt hätte, dachte Charlotte.

Charlotte sah sich um: der grüne Vorhang war zugezogen, man konnte von außen nicht hineinsehen. Kleider, Wäsche und Waschzeug waren sorgfältig fortgepackt. Auf dem unteren Bett, in dem Durkley schlief, lagen ein paar Bücher: der Reiseführer von Griechenland, Shelleys Gedichte, Lord Byrons Briefe. Sonst nichts. Oder doch? Was dieser Durkley doch für ein langer Mensch war! Daß er auf diesem oberen Bett schreiben konnte. Und Gedichte, sogar Gedichte!

Wirklich, da lag auf dem geblümten Cretonne ein schwarzes Wachstuchheft. Offen.

»Thomas Durkley: Gedichte«, dachte Charlotte.

Sie war sich eigentlich nicht klar darüber, was sie an diesen Gedichten so sehr interessierte. Das, was Durkley in seiner Schüchternheit nicht aussprechen kann, so dachte sie. Aber was ging das Charlotte eigentlich an? Warum wollte sie das so leidenschaftlich gerne wissen?

Das waren Fragen, die sie sich selbst nicht mehr vorlegte. Sie fühlte nur, daß sie ihrer Neugier nicht widerstehen konnte. Sie legte sich wenige Augenblicke später die andere Frage vor, woher sie eigentlich den Mut genommen hatte, in diesem Heft zu blättern, ruhig die letztbeschriebene Seite zu suchen – die, die Durkley heute morgen gebraucht hatte – und darin zu lesen. Trotzdem der Verfasser jeden Augenblick hereinkommen konnte. Trotzdem es nicht die erwarteten Gedichte waren, sondern

THOMAS DURKLEYS TAGEBUCH.

Die letzten beiden Eintragungen – die eine im Laufe der Nacht, die andere an diesem Morgen geschrieben, lauteten:

»In der Adria, 16. März, nach Mitternacht.

Wäre mein Herz wie die See! – ruhig. Wäre die See wie mein Herz! – wild erregt. Wie gern führe ich ruhigen Herzens über eine wilde See, statt unruhigen Herzens über ein ruhiges Meer zu fahren. Aber mein Schicksal hat's wieder einmal anders gewollt.

Ich verbrachte nach der Abfahrt von Venedig ein paar Stunden in der Kabine. Ganz ruhig. Keine andere Erregung war in mir als die, die von Shelleys Gedichten auf mich überging. Zu wenig, um mich zu erschüttern (heute wenigstens). Zu viel, um mich schlafen zu lassen. So ging ich noch einmal an Deck.

Es kam ein wundervoller Wind von Süden, duftend und salzig zugleich. Ein griechischer Wind. Ein Wind, auf dessen Wehen einst Byrons Herz in die gehaßte Heimat zurückkehrte. Und alle meine Gedanken waren bei diesem Wind und bei Byron und bei Griechenland, das meine neue Heimat werden soll.

Wären meine Gedanken doch in Griechenland geblieben! Aber nun sind sie hier, auf diesem engen Schiff, in diesem dumpfigen Kabinengang. Und nirgends, nirgends anders. Die kleine Charlotte Schott hat sicher nicht gewußt, was sie tat, als sie mir ganz ruhig, ganz selbstverständlich sagte: ›Ich reise mit Mama ... Mama reist mit mir ... Sie wird sich freuen zu hören, daß auch Sie ...‹ Und ich dummer, ungeschickter, tolpatschiger Mensch frage: ›Glauben Sie wirklich, daß Mama sich freuen wird?‹

Sie hat begriffen, daß diese Frage dumm war, und daß ich sie, wie immer, aus Verlegenheit gestellt habe. (Wann werde ich einmal nicht aus Verlegenheit ›handeln‹?) Aber sie hat nicht im geringsten verstanden, woran ich dabei dachte. Und wenn etwas gut war an diesem nächtlichen Gespräch mit der Kleinen, so war es das.

Denn sonst ist's schlimm. Bin ich darum nach Chile gegangen? Habe ich mich darum Monate hindurch wie ein Wahnsinniger mit Salpeterstatistik und mit Kupferminen beschäftigt? Bin ich darum Wochen und Wochen über See gereist? Griechenland sollte mir Trost bringen. Ja, Griechenland! Und nun bin ich schon auf dem Wege dorthin, wo ich vor zwei Wintern in Berlin war – – in einem Zustand, den ich meinen schlimmsten Feinden nicht wünsche.

Dabei hab' ich sie noch nicht einmal gesehn. Sie schläft. Hier, in der Kabine neben mir. Sie weiß noch nicht einmal, daß ich da bin. Und wenn sie's weiß? Ja, wenn?! Dann wird sie vielleicht sagen – wie Charlotte sagt –, daß sie sich ›sehr freut‹.

Das sagte sie auch damals schon in Berlin. ›Es ist *so* nett von Ihnen, lieber Herr Durkley, daß Sie auch heute gekommen sind. Wir freuen uns immer so sehr, Sie zu sehen.‹ (›Wir‹! – Sie und Herr Bankdirektor Schott nämlich.) Und dann legte sie mir die Hand auf die Schulter, neigte sich ein wenig zu mir herüber, lächelte mich mit ihren großen dunklen Augen ein wenig an …

Was werde ich tun, wenn mich morgen diese Augen wiederum anlächeln?«

»17. März, morgens.

Ich habe sie immer noch nicht gesehen. Habe mit Charlotte gefrühstückt, die mir freundlich sagte, daß ihre Mutter schläft, sehr gut schläft. Und daß sie spät aufsteht.

Inzwischen hat mich Charlotte angelächelt und hat mir die Hand auf die Schulter gelegt – genau so wie ihre Mutter. Auch sie hat dunkle Augen. Aber es ist ein blitzendes Licht darin. Nicht das sanfte, warme der Maja. Auch sie hat diese wundervollen Haare, aber sie sind ein wenig matter. Auch sie ist sehr schön.

Sie sieht mich etwas fragend an. Und dann hat sie sich tatsächlich erkundigt, ob ich Gedichte schreibe! Wenn sie wüßte, wem diese Gedichte gelten.

Oder *galten.* Sie hat mich eigentlich erst daran erinnert, daß ich einmal Gedichte schrieb. Und daß ich sie alle versenkt habe, ins Meer, bei den Feuerlandsinseln – – damals, als ich vor der Frau geflohen bin, die mir heute wieder so furchtbar nahe ist.

Maja weiß, daß ich an Bord bin. Aber sie steht immer sehr spät auf, sagt Charlotte.«

Marie Luise Kaschnitz

Im Hafen von Lissabon*

Wieder verlasse ich Europa, keineswegs auf der Flucht, keineswegs in unerforschte Länder, aber am dramatischsten Ort aller Ausfahrten, im Hafen von Lissabon. Am Tag habe ich vom Schiff weg die üblichen Ausflüge unternommen, zu den üblichen Preisen, die schönen Schaukelfahrten hügelauf, hügelab, zu den Kachelhäusern, dem tropischen Garten, dem Kutschenmuseum, bei Sonne und leichtem atlantischem Nebel, auf glatten sauberen Straßen, und ein Schleier von jungem Grün ist über die Alleebäume gehängt. In Belém bin ich in der Kirche der großen Seefahrer gewesen, habe die fragwürdigen Conquistadoren auf ihren Grabplatten demütig knien sehen, später fahren wir noch einmal an ihnen vorüber auf dem breiten Fluß, auf dessen anderem Ufer ein klotziger Christus segnend seine Arme erhebt. Da hatte das Schiff schon abgelegt, da standen die Auswanderer auf den Decks, ihre Begleiter auf der hohen Terrasse des Hafengebäudes, oh, das Schreien und Schluchzen und Winken hinüber, herüber, und die lustig schmetternde Musik. Und wie die Bergbewohner, für die schon die Stadt Lissabon ein unheimliches Erlebnis gewesen sein mag, nun nicht nur den Hafen, sondern auch die fernen Berge verschwinden sehen, läuft es auch mir kalt über den Rücken, hänge auch ich über der Reling, zurück, zurück. Bis es dann vor mir auftaucht, das lichte Niemandsland vor der Flußmündung, die goldenen Sandbänke, da gehöre ich keiner Heimat, keinem Reiseziel mehr an. Bald danach beginnen die Möwen das Schiff zu verlassen, in Schwärmen, in kleinen Gruppen, dann die letzten, einzelnen, schließlich die allerletzte, allein. Wie sie sich eilt, und die schwarzgekleideten Frauen und Männer, inzwischen längst von den oberen Decks vertrieben, wiegen sich tief unten mit dem schweren Singsang der Hoffnungslosigkeit, auf den Planken sitzend, hin und her, hin und her.

Abschied von England*

Leb wohl! leb wohl! im blauen Meer
Verbleicht die Heimat dort.
Der Nachtwind seufzt, wir rudern schwer,
Scheu fliegt die Möwe fort.

Wir segeln jener Sonne zu,
Die untertaucht mit Pracht.
Leb wohl, du schöne Sonn, und du,
Mein Vaterland – gut Nacht!

Mit dir, mein Schiff, durchsegl ich frei
Das wilde Meergebraus.
Frag nicht, nach welchem Land es sei,
Nur trag mich nicht nach Haus!

Seid mir willkommen, Meer und Luft!
Und ist die Fahrt vollbracht,
Seid mir willkommen, Wald und Kluft!
Mein Vaterland – gut Nacht!

Pär Lagerkvist

Pilger auf dem Meer

Als der Pilger an Bord des Banditenschiffes gekommen war, das ihn zum Heiligen Land führen sollte, wurde er ruhig und ängstigte sich vor nichts mehr. Ein Friede, wie er ihn nie zuvor gespürt hatte, senkte sich über ihn. Er lag auf seiner Pritsche im Schiffsinnern und hielt die Hände über seiner oftmals so unruhigen Brust gefaltet. Das Meer und der Sturm rasten draußen im Dunkel, und er verstand, daß das Fahrzeug nicht viel mehr als ein elendes altes Wrack war und die Besatzung ein unzuverlässiges Gesindel. Aber dennoch fühlte er sich sonderbar geborgen und anvertraute sich ihnen und den aufgewühlten Elementen ganz. Er hatte seinen Preis für die Überfahrt bezahlt, hatte ihnen alles gegeben, was er besaß, all sein unrechtmäßig erworbenes Geld. Und sie hatten es gierig nachgerechnet und sich nicht im geringsten darum gekümmert, daß Blut daran klebte. Jetzt waren sie draußen auf dem Meer, das sich hob und senkte, auf dem Weg zu dem Land, wohin zu führen man ihm versprochen hatte, und er glaubte daran, war so voll von Vertrauen wie nie zuvor in seinem Leben, woher das nun kommen mochte. Er erinnerte sich freilich ihres Gelächters, als sie mit dem Schiff vom Kai abstießen. Aber das beunruhigte ihn nicht weiter. Und er zweifelte nicht daran, daß sie ihn durch Sturm und Fährnisse zu jenem fernen Land führen würden, nach dem er sich so sehr sehnte.

Bald entschlummerte er, wie gewiegt von den Wellen, vom Meer selbst, das ihn umgab mit seiner Unruhe und Unzuverlässigkeit, und ihm doch Frieden schenkte.

Als er aufwachte, war es da drinnen nicht mehr so dunkel. Und ein Mann saß da und blickte ihn an. Es sah aus, als ob er das schon lange getan hätte, wie wenn der dagesessen und gewartet hätte, bis er aufwachte, und ihn beobachtete, während er schlief. Der Mann sah brutal aus mit seinem großen Gesicht und seinem breiten Mund. Er war bartlos, aber mit struppigem Haar, das allerdings schon etwas angegraut war, und dichten dunklen Augenbrauen, die den Blick noch härter machten, scharf beobachtend.

»Bist du jetzt wach«, sagte er mit einer Stimme, die man gröber und unfreundlicher erwartet hätte. »Da kannst du vielleicht sagen, was du für einer bist und was du mit dem da meinst. Was hast du hier an Bord zu tun?«

»Das weißt du wohl. Du dürftest wohl wissen, wohin das Schiff auf dem Weg ist.«

Der Mann murmelte etwas, was man nicht verstehen konnte.

»Ja. Freilich«, sagte er dann trocken.

Er saß und prüfte ihn eine Weile, sein mageres, hartes Gesicht und seine langen behaarten Hände, die über der Brust gefaltet lagen.

»Du siehst nicht aus wie ein Pilger«, sagte er.

Der andere warf ihm einen raschen Blick zu, einen beinah ängstlichen Blick. Und vorsichtig, als glaubte er, man würde es dann nicht merken, faltete er die Hände auseinander.

»Du siehst aus wie wir andern an Bord, und das ist gut

so. Ich glaube, es ist gut für dich. Obgleich du ja allerdings hellhäutig und blond bist. – Wo kommst du her?«

Der Gefragte antwortete nicht.

»Und übrigens bist du nicht einmal wie ein solcher gekleidet. Wie ein Pilger, meine ich. Warum bist du das nicht? – Wie heißt du?«

Nicht einmal jetzt erhielt er eine Antwort.

»Du meinst natürlich, daß mich das nichts angehe«, sagte der Mann mit einem kurzen Lachen. »Und darin hast du ja recht. Aber kannst du es nicht doch sagen?«

»Tobias.«

»Ach so. Ja, es bedeutet ja nichts, wie man heißt oder woher man kommt, wenn man einmal hier an Bord ist. Da hat nichts mehr irgendwelche Bedeutung.«

Er fuhr fort, ihn mit seinem durchdringenden, forschenden Blick anzusehen. Es war Tobias unbehaglich, diesem Blick ausgesetzt zu sein.

»Eigentlich hast du wohl das richtige Pilgerschiff nehmen wollen? Wolltest du das nicht?«

»Klar.«

»Aber du bist wohl zu spät gekommen. Was?«

»Ja.«

»Ich glaube, so habe ich es gehört. Und da mußtest du dieses hier nehmen statt des andern. Und das geht wohl auch ganz gut. Obgleich das ja nicht die gewöhnliche Art ist, ins Heilige Land zu fahren«, lachte er auf. »Aber wenn der Schiffer versprochen hat, dich dorthin zu führen, so tut er es natürlich auch. Das macht er sicher. Er ist ein Ehrenmann. Niemand kann etwas anderes behaupten. Und du hast ja bezahlt. Da ist die Sache ja abgemacht. Hast du ihm denn alles gegeben, was du besaßt?«

»Ja.«

Der Mann strich sich mit der Hand über den Mund, wie um ein Lächeln zu verbergen.

»Er meinte natürlich, daß du jetzt kein Geld mehr brauchst. So dachte er wohl, und das stimmt ja auch. Es ist besser, er hat das Geld. Am sichersten. Dachte er sich wohl.« –

»Wenn du allenfalls noch etwas übrig hast«, fuhr er fort, »so paß gut auf! Zeige es nicht! Verbirg es! ... – Du kannst es vielleicht brauchen, wenn du in jenes Heilige Land kommst. – Falls du überhaupt hinkommst, meine ich. Und das tust du natürlich. Ganz gewiß. Aber sag, warum willst du eigentlich dorthin?«

»Warum ...?«

»Ja. Das möchte ich gerne wissen. Darüber möchte ich dich gern etwas erzählen hören.«

»Das ist wohl meine eigene Angelegenheit.«

»Ja, gewiß. Und gerade deshalb möchte ich dich gerne darüber berichten hören. Was ist es denn, das dich so eifrig macht – denn das muß man ja wohl sagen, daß du das bist. So eifrig, daß du jede beliebige Summe bezahlst, alles, was du besitzt. Das ist doch wohl sonderbar, was?«

Tobias antwortete nicht.

»Und wenn das wirkliche Pilgerschiff gegangen ist, das mit den richtigen Pilgern, meine ich, so stürmst du zum Hafen hinunter und nimmst irgendein Boot, ohne Rücksicht auf das Wetter. Das ist wohl sonderbar.«

Abermals antwortete Tobias nicht.

»Ja, das hier ist ein gutes Boot, ein sehr gutes Boot. So meine ich es nicht. Ich bin nun hier so viele, viele Jahre an Bord gewesen, daß ich weiß, was ich sage. Und die

Leute sind gut. Prächtig und rechtschaffen. Das kann ich bezeugen. Ihnen kannst du dich anvertrauen. Die meistern die See bei jedem Wetter und sind keineswegs ängstlich. Fürchten sich vor überhaupt nichts. Die fürchten weder Gott noch den Teufel. Wenn dich irgend jemand ins Heilige Land führen soll, so sind wir die Richtigen. – Aber sag, warum liegt dir denn so daran, dorthin zu kommen?«

Tobias blieb ebenso schweigsam, und auch der andere saß stumm da, forschte in diesem eigensinnigen, harten Gesicht, das allzu gespannt war, irgendwie verschlossen.

»Ich habe so viele von den richtigen Pilgern gesehen«, fuhr er nach einer Weile fort. »Man trifft sie ja drunten am Hafen, wenn sie umhergehen und warten, bis ihr Schiff in See sticht. Ich pflege mit ihnen zu schwatzen, sie auszufragen, obgleich ich durchaus nicht weiß, weshalb ich es tue. Ich mag sie nicht. Nein, das tue ich nicht. Sie ekeln mich, muß ich sagen. Wenn man ihre Gesichter einige Zeit gesehen hat, ist es schön, wieder aufs Meer hinauszukommen. Besonders bei auffrischendem Wind, wie es gestern abend der Fall gewesen ist. – Ich wundere mich, wie sie das meisterten, das möchte ich gern wissen.

Nein, ich mag sie nicht. – Und ich mag auch dich nicht. Aber du siehst nicht so aus. Du siehst nicht aus wie ein richtiger Pilger.«

Tobias warf ihm einen unruhigen Blick zu, den der andere nicht zu bemerken schien.

»Was du für behaarte Hände hast! Ferrante hat auch solche haarigen Hände, aber schwarzhaarige. Vor ihm sollst du dich in acht nehmen. Er ist der einzige, vor dem du dich in acht nehmen mußt. Die andern sind prächtige Kerle, gute Leute alle miteinander, wie schon gesagt. Der einzige, vor dem du auf der Hut sein sollst, ist er, der behaarte Hände hat wie du. Das kann man sich ja leicht merken.«

Er hielt inne, fuhr aber fort, den andern ebenso zudringlich wie vorher zu mustern.

»Also, deine eigene Angelegenheit. Das meinst du also, und deswegen kommst du nicht in der gewöhnlichen Begleitung, in der gewöhnlichen Schafherde, mit denen, die in einer langen Schar, das Kreuz vor sich her tragend, dahinziehen. Mit denen, die sozusagen ihre Seele gemeinsam haben. Sondern du kommst einsam, für dich selbst. Du wallfahrtest für dich selbst und auf deine eigene Weise. Und du hast vielleicht nicht einmal ein Kreuz – oder hast du das? Nicht einmal einen Rosenkranz mit einem kleinen Kreuz, was? Ja, das habe ich auf einen Blick gesehen, daß du keinen hattest, nichts in den Händen. Daß sie leer waren. Obgleich du sie gefaltet hieltest, während du schliefst, weißt du das? Davon weißt du natürlich nichts. Nein, das würde nicht passen, irgendein Kreuz in diesen Händen, die gleich sind wie die Ferrantes.

Und doch willst du Pilger sein, und doch willst du ins Heilige Land. Was hat das für einen Sinn? Was sollte einer wie du dort zu tun haben?

Allerdings, wenn es so ist, daß du unbedingt willst, führen wir dich natürlich hin. Das ist klar. Das werden wir, auf die eine oder die andere Weise. Wie es der Schiffer versprochen hat. Wenn wir etwas versprechen, so halten wir es auch. So sind wir. Und du hast ja bezahlt. Du hast ja alles weggegeben, was du besaßt, wie ein wahrer Christ. Obgleich du nicht wie ein solcher aussiehst, sondern wie ein ehrlicher Kerl. Wie wir andern hier an Bord. Du passest gut hier an Bord, wirst du sehen. Du wirst genau so werden wie wir andern, wenn du dich ein bißchen an das eine oder andere gewöhnt hast, was dich vielleicht zuerst verwundert. Und mit deinen Fäusten da wirst du dich sicher verdient machen können. Die scheinen an allerlei gewöhnt zu sein, auch an Dinge, die hier in Frage kommen könnten. Ich glaube, du bist auf das rechte Boot gekommen. Bist du vorher auf See gewesen?«

»Nein. Niemals.«

»So weißt du nichts vom Meer?«

»Nein.«

»Da hast du viel zu lernen. Vom Meer kann man viel lernen. Ich will dir sagen, wenn du Land nach Land durchwanderst, Länder, die du nie zuvor gesehen, und große Städte, voll von Menschen, die du nie zuvor gesehen, über die ganze weite Erde, so lernst du nicht so viel wie vom Meer. Das Meer, das weiß mehr als irgend etwas anderes auf Erden, sofern du es dazu bringen kannst, daß es darüber zu dir spricht. Es kennt alle alten Geheimnisse, weil es selbst so alt ist, das älteste von allem. Auch deine eigenen Geheimnisse kennt es. Bilde dir nur nichts anderes ein! Und wenn du dich ihm ganz überläßt und dich in seine Obhut gibst, und wenn du nicht mit deinen eigenen kleinen Einwänden kommst, nicht auf Dingen beharrst, die allzu zufällig und unbedeutend sind, als daß das Meer sich darum kümmern könnte, als daß es hören könnte, was du dahermurmelst, während es selbst spricht, während es gerade dabei ist, über das Schiff zu rollen, so kann es deiner Seele, falls du überhaupt eine hast, Frieden geben. Und falls es Frieden ist, was du haben willst. Das weiß ich ja nicht. Und das geht mich ja auch nichts an. Aber wie dem auch sei, du bekommst nirgends sonst Ruhe in deiner Seele als beim Meer, bei ihm, das selbst nie Ruhe findet. So verhält es sich. Das kann ich dir sagen.

Nein, es gibt nichts wie das Meer. Keinen solchen Freund. Niemanden, der so helfen und einen armen Teufel erlösen kann. Das will ich dir nur gesagt haben. Und du kannst dich darauf verlassen, was ich sage. Daß es stimmt. Denn ich weiß, wovon ich spreche.

Obwohl ich es ja vielleicht nicht meinen Freund nennen sollte, das ist vielleicht vermessen. Ich sollte wohl mit größerer Demut und Ehrfurcht darüber sprechen, mit mehr Andacht. Wie man über etwas Heiliges spricht. Denn so empfinde ich es. Das Meer ist das einzige, was ich als etwas Heiliges empfinde. Und Tag für Tag danke ich dafür, daß es das gibt. Wie es auch stürmt und rast, so danke ich ihm. Dafür, daß es Frieden schenkt. Nicht Geborgenheit, sondern Frieden. Dafür, daß es grausam, hart, schonungslos ist und dennoch Frieden schenkt. – Was suchst du im Heiligen Land, wenn es das Meer gibt? Das heilige Meer.«

Er saß versunken in seine Gedanken und schien sich nicht mehr zu erinnern, daß der andere da war. Der Kopf fiel auf die Brust, und das große, schwere Gesicht hatte etwas nach innen Gewandtes und traurig Nachdenkliches an sich.

»Als ich zuerst an Bord des Schiffes hier kam«, fuhr er nach einer Weile fort, »hatte ich das Meer nie vorher gesehen. Viel anderes hatte ich gesehen, allzu viel. Menschen hatte ich gesehen, allzu viel von den Menschen. Aber nie das Meer. Und deshalb hatte ich noch nichts verstanden, überhaupt noch nichts begriffen. Wie soll man etwas vom Leben verstehen können, die Menschen und ihr Leben verstehen und durchschauen, sich selbst durchschauen können, wenn man das nicht vom Meer gelernt hat! Wie soll man ihr leeres Trachten und ihr Jagen nach sonderbaren Zielen durchschauen können, ehe man über das Meer hinausgeblickt hat, das grenzenlos ist und sich selbst genügt! Ehe man wie das Meer denken gelernt hat, und nicht wie diese ruhelosen Wesen, die sich einbilden, daß sie immer irgendwohin müssen und daß dies das Wichtigste von allem sei, daß das Ziel der Sinn ihres Lebens sei. Ehe man gelernt hat, sich vom Meer treiben zu lassen, sich ihm ganz anheimzugeben und sich um überhaupt nichts zu kümmern, nicht um Recht und Unrecht, um Sünde und Schuld, um Wahrheit und Lüge und Böse und Gut, um Erlösung und Gnade und ewige Verdammnis, um den Teufel und Gott und ihre einfältigen Dispute miteinander. Ehe man gleichgültig und frei wie das Meer geworden ist und sich ohne Ziel hinaus ins Ungewisse treiben läßt, sich ganz dem Ungewissen ausliefert, der Unsicherheit als dem einzig Sichern, dem letztlich einzig wirklich Zuverlässigen. Ehe man das gelernt hat.

Ja, das Meer, das kann dich viel lehren. Es kann dich weise machen, wenn es so ist, daß du das werden willst. Es kann dich lehren, zu leben.«

Er verstummte, und Tobias lag und blickte ihn an und wunderte sich sehr über das, was der andere gesagt hatte. Und auch über ihn selbst, was der wohl für einer sei, der auf diese Weise sprach und der ein so schweres und rauhes Gesicht hatte, vielleicht rauh geworden vom Meer, das er etwas Heiliges nannte. Das heilige Meer ... Was er wohl damit gemeint hatte? Das war nicht so leicht zu sagen. Aber es kam ihm in den Sinn, was für ein sonderbarer Frieden sich über ihn selbst gesenkt hatte da draußen im Dunkel und im Sturm, als er sich ihm überließ, als er beim Meer zur

Ruhe ging. Ohne Unruhe, ohne Bekümmernis über irgend etwas. Nicht so unruhig zu sein, Frieden zu finden … Nicht Geborgenheit, aber Frieden.

Und nicht so eifrig hinter einem bestimmten Ziel herzujagen, einem Sinn, wie er es getan hatte. Nicht sich selbst hetzen und etwas Bestimmtem entgegenjagen. Und nicht immer wieder sich selbst verurteilen, sich dessen bezichtigen, was man verbrochen hatte, und seiner Falschheit und Unredlichkeit, und daß man vielleicht kein richtiger Pilger sei … Und daß vielleicht Blut an dem Geld klebe, mit dem man die Überfahrt zum Heiligen Land bezahlt … Falls es ein Heiliges Land überhaupt gibt, oder nur das Meer.

Sich nicht so viel zu ängstigen, und nicht so aufgewühlt und verzweifelt darüber zu sein, daß man nicht zu irgendwelcher Gewißheit gelangt ist, nie einer Sache sicher ist, einfach gar keiner … Sich zu begnügen mit der Ungewißheit, zufrieden und glücklich damit … Mit der Unsicherheit … *dies* zu wählen. Die Ungewißheit und die Unsicherheit selbst zu wählen … Sich selbst zu wählen, so wie man ist; wagen, so zu sein, wie man ist, ohne sich deshalb etwas vorzuwerfen.

Und das Meer zu wählen, das unzuverlässige, grenzenlose, unbekannte Meer, und eine endlose Fahrt ohne ein bestimmtes Ziel, ohne überhaupt ein Ziel …

So dachte er und blickte auf den Mann, der ihn veranlaßt hatte, so zu denken, der da neben ihm saß und ihn nicht mehr weiter zu beachten schien und nicht mehr zu ihm sprach, und dessen Blick, der vorhin so durchdringend und forschend gewesen war, nun von nichts mehr in seiner Nähe gefesselt schien, sondern wie abwesend, wie weit weg.

Zu neuen Ufern

In Schiffen auf hoher See

In Schiffen auf hoher See,
Ringsum das unbegrenzte Blau;
Windespfeifen und Musik der Wellen, der großen
königlichen Wellen …
Ein Fahrzeug einsam schaukelnd auf dem Wogenschwall,
Wo freudig voller Zuversicht sich weiße Segel blähen,
Durchschneidet es den Äther, im Glitzern und Schaum
des Tages,
Oder in der Nacht, unter unzähligen Sternen.
Dort werde ich von Seefahrern, jung und alt, vielleicht
gelesen werden – in Erinnerung
an das Land –
Endlich im vollen seelischen Rapport!

Dann mögen sie wohl sagen: Das sind unsere Gedanken,
Seefahrer-Gedanken;
Hier ist nicht Land, festes Land allein; weit umspannt uns
der Himmel,
Wir fühlen das schaukelnde Schiff unter unsern Füßen,
Den großen Pulsschlag, das Ebben und Fluten in ewiger
Regung,
Des Unsichtbaren geheime Stimmen, die ahnungsvollen
Einflüsterungen der
grenzenlosen Salzflut,
Das Plätschern der flüssigen Silben,

Den Duft, das leise Knarren des Tauwerks, den
melancholischen Rhythmus.
Der Blick ins Grenzenlose, der weite verschleierte
Horizont: Das ist des Ozeans
Gedicht!
Dann wanke nicht mein Buch, erfülle dein Geschick!
Nicht nur eine Erinnerung an das Land bist du,
Auch du eine einsame Barke durchschneidest den Äther.
Wohin bestimmt? ich weiß es nicht, doch voller
Zuversicht
Begleite jedes Schiff, das segelt,
Ein Bruderschiff für alle, segle du.
Trage in dir meine Liebe zu euch, ihr Seefahrer (ich falte
sie in jedes Blatt hinein),
Eile mein Buch! Spanne deine weißen Segel, meine kleine
Barke, über den königlichen
Wellen,
Singe weiter, segle dahin über das grenzenlose Blau und
bringe hinaus auf jedes Meer
Dieses Lied für die Seefahrer und ihre Schiffe!

Christoph Columbus

Wenn Christoph Columbus derjenige Mensch ist, der nach der üblichen Geschichtsauffassung das Tor des Mittelalters zuschlug, um eine neue Welt und Zeit heraufzuführen, so ist der Augenblick, wo die drei armseligen Kähne den spanischen Hafen verlassen, sicherlich einer der epochalsten in der Geschichte der Menschheit.

Man muß sich das Ungeheure der Tatsache nur versinnlichen. Da es uns so geläufig geworden ist wie das Einmaleins, haben wir das Maß und die Anschauung verloren. Das Einzigartige ist natürlicherweise dem Schicksal verfallen, außerhalb jedes Gleichnisses zu stehen, und die heftigste Phantasie-Entzündung bewirkt manchmal etwas wie Blindheit gegenüber dem Bild, das die Veranlassung dazu war.

Nicht im Aufgeben aller bisherigen Bindungen liegt die Größe des Entschlusses, im Hintersichlassen des Gewohnten, Vertrauten, Befriedeten, von Regel, Behelf, Erwerb und Sicherung, Gesellschaft und Gesetz, in keinem Hintersichlassen überhaupt, sondern durchaus in der inneren Gestaltsetzung des Kommenden, des Vorsichhabens, des Nochnichtvorhandenen. Was ja auch der tiefste Gedanke des Don Quichote ist.

Darin äußert sich die verehrungswürdige dunkle Kraft des mittelalterlichen Menschen, daß er keine Selbstbestimmung kennt und immer Kreatur bleibt im Fühlen und Handeln, mit dem Aufblick zu einem unbekannten Wesen und der Verhaftung in ihm. Das Religiöse an Columbus ist daher weder Vorwand, noch Kostüm, noch beruht es auf dogmatischer Lebenshaltung, es ist sein eigentlicher Kern, als solcher umfaßt er das Bewußtsein der Schickung, der Sendung, und daß der Mensch sich gegen das Element zu stellen habe als gegen das niedrig Unbeseelte und Gottfeindliche, um es zu überwinden, wie er auch dabei fahre.

Es ist außerordentlich schwierig, mit einer auch nur geringen Aussicht auf Wahrscheinlichkeit die Empfindungen jener Männer zu rekonstruieren, die da auf unzulänglichen, schlecht ausgerüsteten alten Fahrzeugen in die grenzenlose Wasserwüste hinaussegelten. Wenn es nicht überpflanzte Gefühlskomplexe aus heutiger Welt sind, ist es Dichtung; eines kann so wenig befriedigen wie das andre, beides wird zum Experiment. Ich glaube, daß es unvorstellbar und unausdenkbar ist. Jede moderne Leistung, die man etwa in Analogie setzen könnte, Durchquerung Afrikas, Erforschung des Südpols, Flug ins Polargebiet, Überfliegung des Atlantik, jede ähnliche auch aus den letztvergangenen Jahrhunderten, vollzog und vollzieht sich innerhalb der Überlieferung des Wissens um bekannte Naturgesetze und im Vertrauen auf eine bewährte kosmische Ordnung.

Dies fehlte Columbus und seinen Leuten. Es fehlte ganz und gar. Der Bau der Welt, die Größe der Erde, die menschliche Kapazität, die Wirksamkeit und Verläßlichkeit gewisser Hilfsmittel, alles das war sozusagen noch Annahme, Vermutung, Aberglaube. Nichts war bewiesen, nichts in der Erfahrung bewährt, nichts durch gültiges Zeugnis erhärtet; draußen auf dem Ozean war man von einem bestimmten Längengrad ab der allererste Mensch, und was immer man erblickte und erlebte, stand auf der schauerlichen Grenzscheide zwischen Leben und Tod. Der Ablauf der Tage ist ein einziges Grauen, jede zurückgelegte Meile vermehrt das Grauen. Es gibt eigentlich kein Ziel; was sie davon gehört haben, ist Einbildung, bestenfalls Behauptung, die Phantasie vermag auf diesem Weg keinen Endpunkt zu finden, der Horizont ist rund, seine Rundheit macht das Auge rasend, der Blick irrt verzweifelt zwischen Himmel und Wasser, die Schiffe tanzen im Runden rundum, vorne, hinten, links und rechts wechseln wie auf einer schwindelnd-schwingenden Drehscheibe, es ist ihnen zumut, als wären sie lauter Bälle, die über die brüllende See ins Nichts geschleudert werden sollen. Und das ist die Quelle und der Gegenstand des Grauens, das Nichts, die Erwartung des Nichts. Jeder von uns hat es als Kind gespürt, im Traum, und es ist ein atavistischer Traum: man macht sich auf, um ans Ende der Welt zu gehen, und die ganze Seele ist erfüllt von dem unsinnigen Grauen vor dem Nichts.

Ein Teil der Briefe und Berichte des Columbus ist erst 1791 von Navarrete, einem spanischen Marineoffizier, in den Archiven des Klosters San Estéban und des Herzogs von Veragua, einem Nachkommen des Admirals, aufgefunden worden. Sie sind von Columbus' eigener Hand geschrieben, und es war oft schwer, ja fast unmöglich, die veraltete Schreibweise, die verblaßten Lettern, die nicht mehr gebräuchlichen nautischen Fachausdrücke, die häufig eingestreuten italienischen und portugiesischen Worte zu entziffern und den schleppenden Stil, dem jede Interpunktion fehlte, in die moderne Sprache zu übersetzen, ohne die charakteristische Art des Autors zu verwischen.

Die Schiffstagebücher hat Hernando Colón zusammen mit dem Bischof Las Casas schon 1536 veröffentlicht.

Die bei dieser Reise und auch bei den späteren am häufigsten gerühmte, selbst von Alexander von Humboldt hervorgehobene Eigenschaft des Columbus ist die richtige und scharfe Beobachtung von Phänomenen, die sich nach der ganzen Lage der Dinge vollkommen außerhalb seines Erfahrungskreises befanden. Er macht die gewissenhaftesten und genauesten Notizen über die Richtung der Meeresströmungen, die inselartigen Anschwemmungen des Seegrases im sogenannten Sargassomeer, die Veränderung der Lufttemperatur, den Flug der Vögel und hauptsächlich über eine Erscheinung, die ihn und seine Leute am meisten beunruhigen mußte: die Abweichung der Magnetnadel und die damit zusammenhängende Bewegung des Polarsterns, eine Entdeckung, die ohne Zweifel ihm als erstem zuzuschreiben ist.

Es war am 13. September 1492, bei Anbruch der Nacht, als er bemerkte, daß die Magnetnadeln von Nordosten nach Nordwesten abwichen, wodurch die Steuerleute, wie er gesteht, in nicht geringe Furcht versetzt wurden. Er berichtigte die Nadeln nach Methoden, die er so verworren schildert, wie er sie vermutlich betrieben hat, und obwohl aus der ganzen Darstellung, wissenschaftlich genommen, ersichtlich ist, daß er durchaus keinen klaren Begriff von dem Vorgang hat, und obwohl auch er die Furcht der Piloten teilt, als ob sich damit die Grundgesetze der Natur veränderten und er in eine neue Welt mit neuen Gesetzen einträte, ahnt er doch zugleich, daß die Abweichung der Nadel ein Mittel werden kann, den Längengrad zu bezeichnen und die Ortsbestimmung zu treffen.

Niemals vermochte er eine nautische Berechnung selbst zu machen, dazu reichten seine Kenntnisse nicht aus; wenn er es versuchte, war das Resultat kläglich, wie zahlreiche Spezialuntersuchungen bewiesen haben. Jedoch auf Forschung ging er nicht aus, an Forschung war ihm nicht gelegen, er konnte eine Wirkung feststellen, nicht aber eine Ursache ergründen, er konnte schauen, er konnte die Frage formulieren und mit ahnendem Sinn hinter das Geschaute dringen, das hat nichts mit der Exaktheit des Beobachters zu tun, überhaupt nichts mit Beobachtung, sondern es ist eine Kategorie für sich, und eine große noch dazu. Seine sämtlichen Berichte, ob sie nun das schreckenerregende Benehmen des Kompasses, das wechselnde Bild des Tangmeers, den Flug der Vögel oder was immer zum Gegenstand haben, bestätigen schlagend, daß er nichts weniger als ein Beobachter, daß er ein visionärer Mensch war und seine Aufgabe völlig aus der Vision heraus schöpfte und erfaßte. Träfe dies im allermindesten nicht zu, dann wäre er wirklich der Scharlatan und Abenteurer, als den ihn neidische und boshafte Zeitgenossen manchmal darzustellen beliebten.

Ich bin mir aber wohl bewußt, daß ich mit alldem erst zaghaft die Grenzlinien seines Wesens und Charakters umrissen habe.

Das Schiffstagebuch beginnt, zeremoniös und umständlich, mit einer Evokation der spanischen Hoheiten, gibt einen Rückblick auf des Schreibers Verdienste und Bemühungen, dann dankt er für alle voraus empfangenen Wohltaten und Belohnungen, oder stellt sie wenigstens trocken fest, und verspricht, jede Nacht niederzuschreiben, was ihm am Tag begegnet ist, bis er Indien entdeckt haben würde. »Dabei kommt es hauptsächlich auf eines an«, schließt er in seiner intransigenten Manier, »nämlich, daß ich, um alle Verpflichtungen zu erfüllen, auf den Schlaf verzichten lerne.«

Dies ist keine eitle Ruhmredigkeit, er hat es buchstäblich getan. Er war imstande, wochenlang, genau, wie er sagt, auf Schlaf zu verzichten. Ich finde ihn in dieser Hinsicht geradezu unheimlich. Freilich, in jenen ersten Wochen war es schwer für ihn zu ruhen und zu schlafen. Wie ein dunkles Gespenst ist er vom Abend bis zum Morgengrauen am Bug der »Santa Maria« gestanden, die hellgrauen Fanatikeraugen in gefrorener Glut nach Westen gerichtet. Daß ihn seine Untergebenen geliebt haben, läßt sich schwerlich annehmen; solche Männer werden nicht geliebt; schreibt er doch von sich selbst: »Ich bin nicht schmeichlerisch von Worten, vielmehr gelte ich für rauh«; die bewußtseinslähmende Spannung, die ihn bis zum zwölften Oktober erfüllte, trieb ihn von aller Menschheit weg, und wenn es auch Leute waren, die vor nichts und niemand zurückschreckten, ihm wichen sie in scheuem Bogen aus, wie sie einem verrufenen Zauberer ausgewichen wären. Dabei mußte er mehr vor ihnen auf der Hut sein als sie vor ihm. Damit die Ungeduld sie nicht zu früh rebellisch werden ließ, griff er von vornherein zu dem nicht ganz einwandfreien Mittel, sie über den zurückgelegten Weg zu täuschen, indem er doppelt Buch führte, einmal, in der wirklichen Zahl der Seemeilen, für sich, und einmal, in verkürzten Ziffern, für das Schiffsvolk, eine Maßregel, die wahrscheinlich auf allen drei Caravellen gleichmäßig getroffen werden mußte, da man sich ja bei ruhigem Wetter von Fahrzeug zu Fahrzeug leicht verständigen konnte.

Eine Sonderbarkeit des Tagebuchs besteht darin, daß er bisweilen in der Ichform berichtet, dann wieder, ohne Übergang, von sich in der dritten Person als dem Admiral spricht. Es scheint mir nicht, als sei dies bloß eine stilistische Achtlosigkeit oder leere Form. Es wird wohl tiefer liegen. Das Ich und der Admiral standen in seiner Brust einander fremd gegenüber. Es waren zwei Personen von verschiedenem Rang, verschiedener Verantwortlichkeit, verschiedenem Belang, die eine ein mißtrauischer, fieberhaft erregter, traumgequälter, selbstquälerischer, müder alter starrer Mensch, die andere ein zum Symbol erhobenes Werkzeug göttlicher Mächte, unfehlbarer Geist.

Da schon drei Tage nach der Ausfahrt das Steuerruder der »Pinta« zerbrach (man hatte den Cristobal Quintero, den Eigentümer der Barke, in Verdacht, die Havarie mit Absicht herbeigeführt zu haben), mußte die Flottille die kanarische Insel Lanzerot anlaufen und konnte die Reise erst am achten September fortsetzen. Am siebzehnten meldet er im Logbuch, daß die Luft immer milder wird und daß er einen weißen Vogel gesehen hat, der nie auf dem Meer schläft. Der Ozean ist so ruhig wie der Fluß bei Sevilla. Am neunzehnten ist die Flotte vierhundert Meilen von den Kanaren entfernt. Am zwanzigsten fängt einer mit der Hand einen Vogel, der einer Meerschwalbe gleicht, es ist aber bei näherer Untersuchung ein Flußvogel. So wird gesagt, vielleicht nur, um die Hoffnung zu beleben. Auch ein Alcatraz, eine Pelikanart, fliegt von Nordwest nach Südost, Colón vermutet daher im Nordwesten Land. Am einundzwanzigsten herrscht Windstille, in der Nacht ist das Meer dicht mit Gras bedeckt. Am zweiundzwanzigsten, als sich Gegenwind erhebt, schreibt Columbus: »Der Admiral sagt, der widrige Wind war ihm notwendig, denn es war eine Gärung unter den Leuten, weil sie glaubten, es wehen unter diesen Himmelsstrichen keine Winde, die die Rückkehr möglich machen.« Am dreiundzwanzigsten fängt das Schiffsvolk ernstlich zu murren an, weil die See immerfort ruhig und glatt ist, bald aber regt sich das Meer, ohne daß ein Wind bläst, und wird so mächtig, daß alle sich verwundern. Columbus sagt hierzu: »Das ist noch nie geschehen, außer zur Zeit der Juden, als die Ägypter aus Ägypten auszogen, um Moses zu verfolgen.«

Es ist immer wieder das nämliche, was zum Ereignis wird: Abflauen und Auffrischen des Windes, gesichtete Vögel und Fische, die wundersamen Flächen grünen stillen Grases auf dem Wasser, die zarten Nebelbänke am Horizont, die die Hoffnung auf Nähe von Land wecken, um dann schmerzliche Enttäuschung zu hinterlassen, die Bahn der Sterne, ein schwimmender Zweig mit wilden Rosen, ein aufgefischtes Rohr. Es herrscht Unsicherheit über die Richtung, und von Schiff zu Schiff wird mit Alonzo Pinzon über den zu verändernden Kurs beraten, wobei der erfahrenere Kapitän der »Pinta« schroff seine bessere Meinung durchsetzt; der Admiral gibt den direkten Kurs nach Westen auf und befiehlt, das Steuer gegen Westsüdwest zu kehren.

In neuerer Zeit sind allerlei Zweifel an der Unbeirrbarkeit des Columbus während der Fahrt laut geworden, man hat behauptet, er selbst sei, beeinflußt von der Stimmung der Mannschaft, kleinmütig geworden und habe sich mit dem Gedanken an Umkehr befaßt; da sei es eben jener Alonzo

Pinzon gewesen, der das Unternehmen durch seine entschlossene, geradezu drohende Haltung gerettet habe. Und um auch das Verdienst des Pinzon noch um einen Grad herabzudrücken, wird hinzugefügt, für ihn seien so viele materielle Interessen auf dem Spiel gestanden, daß er unverrichteter Dinge nicht auf halbem Weg hätte zurückkehren können.

Ich glaube von alledem kein Wort. Äußere Gründe mögen dafür sprechen, die innere Unwahrscheinlichkeit ist evident. Und selbst wenn es wahr wäre, d.h. wenn es das trügerische Zeugnis eines Vorgangs, eines Tages, einer Stunde für sich hätte, so wäre es doch menschlich und psychologisch unwahr. Es gibt forschungsmäßige Nachweise und Erhärtungen von rein destruktiver Natur, die immer dort Verwirrung hervorbringen, wo Bild und Anschauung fehlen. Umkehr: die Vokabel existierte nicht für den Admiral des »ozeanischen Meeres«. Don Quichote läßt sich steinigen, verhöhnen, er verzichtet auf Schlaf und Nahrung, er gibt sich preis, er gibt sich auf, aber er kehrt nicht um.

Hernando Colón erzählt, daß das meuterische Schiffsvolk sich verschworen habe, den Admiral zu einer bestimmten Zeit der Nacht, wenn er wieder berauscht von den Sternen sei, ins Meer zu werfen. (Wie unmittelbar wirklich, in einem knappen Nebensatz, das Bild des Mannes! Berauscht von den Sternen! Auf einmal steht er da, als ob ihn Greco gemalt hätte; expressiver ließ es sich kaum sagen.) Die aufgeregte Szene, in der dem Columbus von der empörten Rotte drei Tage zugestanden werden, wenn bis dahin nicht Land in Sicht käme, hätte er sein Leben verwirkt, dieser dramatische Knalleffekt geht auf den zeitgenössischen Geschichtsschreiber Oviedo zurück, einen kritiklosen Zusammensteller unsicherer Tatsachen. In dem Punkt darf man dem Admiral schon trauen, daß es mit der ganzen Revolte nicht weit her war, so skeptisch auch sonst seine Nachrichten aufzunehmen sind; wäre es zu jener äußersten Ausschreitung gekommen, so hätte er gewiß nicht versäumt, sie mit der Breite und Großartigkeit mitzuteilen, die ihm bei solchen Gelegenheiten eigen waren; es wäre für ihn ein willkommener Anlaß gewesen, sich eine Gloriole ums Haupt zu flechten und mit seiner überlegenen Geisteskraft zu prahlen. Jedoch er spricht immer nur von vorübergehenden Ungeduldsausbrüchen der Mannschaft, von hervorbrechender und wieder schwindender Mutlosigkeit, von Unruhe, Beklommenheit, sogar Widersetzlichkeit; von meuterischen Exzessen keine Silbe; an dem Tag, wo die offene Meuterei hätte stattfinden müssen, am zehnten Oktober, notiert er nur: »Die Leute beklagten sich über die Länge der Reise und wollten nicht weiter. Der Admiral begütigte sie, indem er ihnen den Nutzen vorstellte, den sie aus der Fahrt ziehen würden. Er fügte aber auch hinzu, ihr Murren sei ganz vergeblich, da sein fester Entschluß, nach Indien zu gelangen, durch nichts erschüttert werden könne.«

Daß seine Situation von Tag zu Tag bedenklicher wurde, verhehlte er sich nicht. Alle Anzeichen, die grenzenlose Ödnis der Wasserwüste könne endlich an ein Ufer stoßen, hatten getrogen. Die in der Ferne wahrgenommenen Gebirge und Städte hatten sich als Sinnestäuschungen erwiesen. Die Schiffe waren zu schwach für die lange Fahrt, und wenn sie mit jedem Augenblick den ungeheuren Raum vergrößerten, der sie von der Heimat trennte, wie sollten sie die Rückfahrt bewerkstelligen, da doch weit und breit kein Hafen war, um die jämmerlichen Barken auszubessern und frische Lebensmittel zu erhalten; die Vorräte schrumpften schon jetzt in besorgniserregender Weise. Er kannte natürlich die Gefahr, obschon er sie vielleicht verachtete oder nicht in sich eindringen ließ, vorauslebend, in die Zukunft langend, »berauscht von den Sternen«. Ein solcher Mensch, geisterhaft isoliert, geisterhaft unnahbar, mußte auf die rohen und einfachen Charaktere seiner Umgebung eine willensaufhebende Gewalt ausüben; in ihm war das grauenhaft Unverständliche der ganzen Expedition verkörpert und sichtbar; das dichte Zusammenleben an Bord hatte ihnen nicht eine Spalte seines rätselhaften Innern aufgeschlossen; er schleifte sie hinaus in eine Unwelt, in die Weltlosigkeit; Verzweiflung war so unnütz wie Aufstand, von ihm hing schließlich alles ab, er hatte vermutlich Hilfsmittel und war magischer Sprüche mächtig wie kein Sterblicher sonst; darin lag sicherlich das Wesen ihrer Gefolgschaft überhaupt, denn wäre ihnen nicht ein schreckerstarrter Rest von Vertrauen dieser Art geblieben, so sehe ich nicht ein, warum sie ihm nicht schon nach drei Tagen den Schädel zertrümmert und seine Leiche ins Wasser geworfen haben sollten, anstatt sich zehn Wochen lang von ihm und den durch ihn verzauberten Brüdern Pinzon in einen unbekannten Tod jagen zu lassen, wie sie fürchten mußten.

In dem bereits erwähnten Prozeß des Diego Colón machte ein gewisser Francisco Garcia Vallejo, der auf der »Pinta« Matrose gewesen, einundzwanzig Jahre nach der Entdekkung folgende Aussage: »In der Nacht vom Donnerstag auf den Freitag, vom elften auf den zwölften Oktober, war Mondschein, und ein Mann namens Juan Rodriguez Bermejo, Einwohner von Molinos in der Provinz Sevilla, sah einen weißen Sandhügel, riß die Augen weit auf und erblickte Land. Sogleich rannte er zu einer Kanone, gab Feuer und schrie: ›Land! Land!‹ Die Mannschaft stürzte an Deck und blieb auf, bis der Tag anbrach.«

Im Logbuch steht es anders. Da heißt es, das ausspähende Auge des Admirals habe schon um zehn Uhr abends ein hin und her bewegtes Licht gesehen, in dem er sofort ein künstliches, von Menschenhand erzeugtes habe erkennen können, und das auch von denen, die er herbeigerufen, gesehen wurde. Er befahl dem Matrosen im Mastkorb aufmerksamen Auslug, erinnerte ihn auch an die von der Königin ausgesetzte Belohnung von zehntausend Maravedis für den, der zuerst Land wahrnahm, und versprach, aus eigenem eine seidene Jacke hinzuzutun.

Doch nicht der arme Matrose erhielt den Preis, sondern der Admiral beanspruchte ihn für sich selbst, und zwar gleich nach dem Tedeum, das die Mannschaft der drei Schiffe am Morgen anstimmte. Manche sagen: aus Habsucht; manche sagen: aus Ruhmsucht; manche sagen: aus beiden Motiven. Ihn von der abscheulichen Schäbigkeit freizusprechen, wagen die beflissensten Verteidiger nicht. Allein: Habsucht, Ruhmsucht, das trifft den Mittelpunkt nicht, das war unter ihm, hinter ihm, es war die unbändige Gefräßigkeit des nach der Prämie Lechzenden, als ob ihm nun die Erde, die Menschen, das Schicksal zu ungemessenem Tribut im größten wie im kleinsten verpflichtet seien.

Schwerlich hat irgendein Sterblicher jemals einen erhabeneren Augenblick erlebt als Columbus, da er auf

Guanahani ans Land ging. Schwerlich auch ist jemals ein Tedeum das Vorspiel zu solchen blutigen Tragödien, zu solchen Orgien der Verfolgung und Menschenschlächterei gewesen wie das von der Besatzung der drei Admiralschiffe am 12. Oktober 1492 gesungene.

Bettina Balàka

Lignum vitae

Sir Isaac Newton hätte beinahe alles zunichte gemacht.

Ich wusste sofort, dass etwas Besonderes eintrat, als vor siebenundneunzig Tagen ein weißgelockter Mann mit drei kindshohen Kisten das Fallreep unseres Schiffes hinaufstieg. Er hatte natürlich eine gepuderte Perücke auf, aber ich spürte, dass er auch darunter weißgelockt war, und später, als er zu mir Vertrauen gefasst hatte und an heißen Tagen in seiner Kajüte die Perücke abnahm, sollte sich diese Ahnung bestätigen. An dem Morgen, als er mit unsicheren Schritten in die Mary Mallory einzog (denn er war kein Seemann, das sah man sofort), schwankend unter dem Gewicht der einen der drei Kisten, die er selbst trug, obwohl er ein halber Gentleman war (auch das sah man sofort), dabei die zwei Träger der anderen beiden Kisten streng dirigierend, sah ich nur einmal kurz auf von dem Tau, das ich zu teeren hatte, so wie man in der Arbeit innehält und zum Schein nach dem Wetter hinsieht, ohne dass ein Oberer Verdacht auf Faulheit schöpfen könnte, sah diesen Fremden und seine zwei Träger und seine drei Kisten, und ich wusste, dass mir bald etwas Großes bevorstand, eine Lebenswendung, ein Schicksal, wie man es in der Langeweile auf See selten erfährt. Von Sir Isaac Newton hatte ich zu diesem Zeitpunkt noch niemals gehört.

Was könnte einem Schiffsjungen, mag man sagen, schon Außergewöhnliches widerfahren, außer dass ihm aus der

Takelage etwas auf den Kopf fällt oder ein riesiger Schiefer in die bloßen Füße hineinfährt, außer dass er wahnsinnig wird und sein Mund zu bluten beginnt vor Skorbut, außer dass ihn sein Kapitän an den Füßen aufhängen lässt, wenn zuletzt auch er wahnsinnig geworden ist vom Skorbut. Wenn Mr. Harrison nicht an Bord der Mary Mallory gekommen wäre, seine Perücke abgenommen und zu mir Vertrauen gefasst hätte, hätte ich nie erfahren, dass Sir Isaac Newton schuld ist an den blauroten Flecken und den schmelzenden Gelenken und am Skorbut.

Eigentlich begann alles an einem anderen Tag, der mir unerwarteterweise eine Lebenswendung bescherte, denn ich hatte ja lange genug an Land, mit meiner Mutter in einem kleinen Häuschen in der Nähe der Ortschaft Callington in Cornwall, gelebt. Mein Vater war noch vor meiner Geburt in den Kupferminen umgekommen und meine Mutter hatte gelegentlich durchblicken lassen, dass es vielleicht auch besser so war. Sie betrieb einen Fischhandel, wir hatten Schafe, Gänse und sogar eine Kuh. Ich war immer vom Meer umgeben, denn in ganz Cornwall gibt es kein Fleckchen Erde, über das nicht der Salzwind hinfährt und über dem nicht die Seemöwen kreischen, auch wenn man von unserem Haus aus das Meer noch lange nicht sah. Ich war ein paar Mal bis Plymouth gekommen und hatte dort die ganz großen Schiffe gesehen.

Dann aber, als ich dreizehn Jahre alt geworden war, fuhr meine Mutter mit mir nach London, um eine weltgewandt gewordene Tante zu besuchen und mit ihrer und Gottes Hilfe etwas für meine Zukunft zu tun. An der Beratung im Haus meiner Großtante durfte ich nicht teilnehmen, ich wurde von einem Dienstmädchen, das nicht viel älter war als ich selbst, in die Küche geführt, wo ich ein Glas Milch bekam und die Reste einer Hammelkeule vom Vortag. Die Beratung dauerte lange. Als meine Mutter endlich die Treppe vom Salon wieder herunterkam, hatte sie rotgeweinte Augen und nahm mich bei der Hand. An der Hand führte sie mich durch die lärmdurchrauschten Straßen bis zur Themse, wo wir uns niedersetzten und sie meine Hand weglegte wie einen Vogel, der rechtmäßig ins Moor und in die Heide gehört.

»Deine Großtante meint«, sagte meine Mutter, »sie könne, wolle und werde nichts für dich tun.«

»Das liegt aber nicht an dir«, beeilte sie sich hinzuzufügen, als sie meinen erschrockenen Blick sah, »sondern an mir.«

»Ist sie böse auf dich?«, riet ich.

»Du kennst doch Harvey Micklefield«, sagte sie, »den Wirt des ›Spotted Arms‹.« Ich nickte.

»Harvey hat schon lange ein Auge auf mich geworfen. Seit dem Tod deines Vaters hat er mir vier Anträge gemacht.« Ich sah Harvey Micklefield deutlich vor mir: Er war fett und watschelte stets breitbeinig daher, weil, wie er sagte, seine Oberschenkel sonst vom Aneinanderscheuern wund würden. In den Händen pflegte er tagein, tagaus dasselbe schmutzstarrende Tuch zu tragen, mit dem er alles in seiner Gastwirtschaft abwischte, seien es die bekleckerten Tische, seien es die sauberen Gläser. An den Flecken auf der Vorderfront seiner Weste konnte man ablesen, mit welchen Speisen und Getränken er hantiert hatte.

»Ich konnte ihn nicht heiraten«, sagte meine Mutter, »verstehst du das?« Ich verstand. Bei der Vorstellung, dass

Harvey Micklefield, der für seine Übellaunigkeit weithin gefürchtet war, meine hübsche, fröhliche Mutter in seiner Küche herumscheuchte, wurde mir schlecht.

»Deine Großtante aber meint, ich hätte diese Chance ergreifen sollen. Dann würdest du jetzt im ›Spotted Arms‹ arbeiten und es eines Tages übernehmen und wärst ein gemachter Mann. Sie sagt, wenn ich so unvernünftig bin und mich nicht überwinde und das naheliegende Richtige tue, dann wird sie bestimmt nicht einspringen und die Suppe auslöffeln, die ich uns selbst eingebrockt habe.«

»Mutter«, fiel ich ihr ins Wort, »glaub mir, wenn ich im ›Spotted Arms‹ arbeiten müsste, wäre ich der unglücklichste Mensch auf der Welt.« Sie nahm wieder meine Hand und drückte sie ganz fest und während wir gemeinsam auf den grauen Strom hinausschauten, war ich gewiss, dass sie lächelte.

»Mein Gott«, seufzte sie nach einer Weile, »du armer Junge hast keinen Vater.«

Gegenüber auf der Themse sah ich ein ganz großes Schiff. Ich wusste, dass es nun an mir lag, mir einen Vater zu suchen, damit meine Mutter in ihrer Schuldbeladenheit und die aufgestürmten Wogen der Verwandtschaftskritik wieder Ruhe fanden, und wo sollte das besser möglich sein als auf einem ganz großen Schiff.

Schon am folgenden Morgen hatte ich auf einem Windjammer angeheuert, ich kehrte nicht mehr nach Cornwall zurück.

Meine Mission als Schiffsjunge war also eine besondere, auch wenn ich nichts durchblicken ließ. Ich musste jemandes Vertrauen gewinnen, damit er mich, beinahe ohne es zu merken, als seinen Jungen annahm. Zunächst versuchte ich es mit den Kapitänen, denn man fängt ja ganz oben an und will ganz weit hinaufsehen, die Kapitäne sahen prächtig aus, hatten geölte Bärte und gewichste Stiefel, zumindest bis drei Tage nach dem Auslaufen und vor dem Landgang in einer bedeutenden Stadt. Der Kapitän hat niemanden über sich außer Gott und den König. Der Kapitän hat eine Kajüte, in der ein gepolsterter Stuhl steht und in der sogar ein Klavier stehen kann. Der Kapitän rollt Seekarten aus und deutet auf unbegreifliche Linien mit seiner Pfeife, er schreit: »Vorwärts!«, und steht im Sturm salutierend am Bug.

Leider waren meine Kapitäne alle eine Enttäuschung. Der eine soff, der andere ohrfeigte mich, der dritte ohrfeigte und ersäufte mich fast. Schließlich schraubte ich meine Ansprüche zurück und versuchte es mit dem Ersten Maat, dann mit dem Zweiten, bald war mir jeder einfache Matrose recht, der ja immer noch über mir stand. Aber so viel ich auch trank, lachte und mich nützlich machte, eine richtig geheimnisvolle, verkettete, narrensichere Vater-und-Sohnschaft stellte sich nicht einmal annähernd ein.

Mr. Harrison war auf den ersten Blick anders. Mr. Harrison hatte ein Geheimnis, das erkannte man schon an seinen drei Kisten, die eigentlich Kistchen waren und in nichts allen anderen Schiffskisten ähnelten. Sie schienen etwas Kostbares, Zerbrechliches zu beherbergen, vielleicht sogar etwas, das lebte, wilde, empfindliche Geschöpfe wie Elfen oder die einzigen Exemplare eines exotischen Tiers. Mr. Harrison hatte aber noch ein Geheimnis, er hatte Angst. Misstrauisch beäugte er die Männer, legte jedes Wort auf eine Apothekerwaage, als könnte jemand durch eine unbedachte Äußerung sich oder etwas verraten, seine Kajütentür schloss er stets gewissenhaft ab. Wenn er an Deck war, zuckten seine hellblauen Augäpfel nervös in alle Richtungen, nur selten und nach langer Überredung dinierte er mit dem Kapitän. Da wusste ich schon, dass jemand hinter ihm her war und seine Spione ausgesandt hatte, ich musste, um ihn zu retten, den Spionen zuvorkommen und wurde selbst zum Spion.

Mein Vorteil war meine Unbedeutendheit, meine Jugend, die Art, wie ich angeschrien und links liegen gelassen wurde, mein Verschmelzen mit den Planken, meine unauffällige und selbstverständliche Nützlichkeit, weit weniger zuwendungsbedürftig als jede Rah oder Fock: »Mr. Harrison, Sir, kann ich Ihnen etwas bringen?« »Das Wasser in meinem Eimer ist noch frisch, Mr. Harrison, Sir. Möchten Sie, dass ich den Fußboden in Ihrer Kajüte aufwische?«

Als ich das erste Mal eintreten durfte, sah ich sofort die drei goldenen Monstranzen. Drei goldene Insekten mit jeweils vier Augen, in den Augäpfeln drehten sich lange Wimpern im Kreis. Zarte Beine bewegten sich mit einem unendlich gleichmäßigen, wie ferne Wassertropfen klickenden Geräusch. Mr. Harrison saß davor an seinem Tisch und starrte sie an, dann wieder auf seine Papiere, in den Rillen seiner Stirne glänzte der Schweiß.

»Sie sind wunderschön«, sagte ich, und Mr. Harrison hob erstaunt seinen Blick.

»Ja«, sagte er, »so habe ich das noch gar nicht betrachtet. Was aber viel wichtiger ist, sie könnten euer Leben retten.«

»Unser Leben?«

»Euer Seemannsleben«, sagte er, »das doch ständig in einer Ungewissheit ist.«

»Ja, aber«, sagte ich, »können sie denn Stürme verhindern?«

Von diesem Tag an versuchte Mr. Harrison, mir die Zeit und den Ort zu erklären. Er zeichnete die Erde auf, da war sie aber eine Scheibe, dann knüllte er das Papier zu einem Ball, den er drehte, stieß dabei aber an die Gelenksperre seiner Hand. Er erzählte von einer unsichtbaren Linie, die durch den Londoner Stadtteil Greenwich fuhr und von dort aus rund um den ganzen Globus, eine Linie, von der alles abhing, unsere Entfernung und Leben und Tod. Ich fragte ihn, wieso Gott denn den Nullmeridian ausgerechnet durch den Londoner Stadtteil Greenwich gelegt hatte und nicht etwa durch Callington oder wenigstens Plymouth, und wem er die Gabe geschenkt hatte, dieses unsichtbare Zeichen zu schauen. Mr. Harrison fragte mich seinerseits, woran wir uns denn auf See orientierten.

»Wir orientieren uns gar nicht«, sagte ich, »wir reißen die Augen auf und suchen nach Land.«

»Aber der Kapitän«, beharrte Mr. Harrison, »der muss sich doch orientieren, und der Erste Maat, der ja Steuermann heißt.«

»Die haben ihre Mittel«, sagte ich, »die wissen das schon. Sie sagen: Wir fahren nach Neufundland, oder zu den Kleinen Antillen, oder ins Königreich Samoa. Aber irgendwann reißen wir trotzdem alle unsere Augen auf und suchen oft viele Tage nach Land.«

»Ha!«, rief Mr. Harrison. »Und kommt es nicht umgekehrt vor, dass der Kapitän etwas für offene See hält, was dann tatsächlich Klippen sind?«

»In der Nacht«, räumte ich ein, »bei sehr schlechter Sicht, kann das durchaus passieren.«

»Und das eben«, seufzte Mr. Harrison, »liegt dann daran, dass der Kapitän mit seinem Kompass, dem Sextanten, der Erfahrung und all seinen Karten zwar die geographische Breite, aber die Längendistanz von Greenwich nicht kennt.«

»Die Zeit aber«, sagte Mr. Harrison, »ist das Wichtigste, die Zeitmessung auf See, ohne dass Seegang und Holterdipolter und Heiß-Kalt und Feucht-Trocken das exakte Abtropfen der Sekunden zerstören. Wenn wir die Zeit auf See mit unbeirrbaren Geräten messen können, dann kennen wir auch die Längendistanz.« Die drei unnahbaren Wesen, die nicht aus Gold waren, wie er sagte, nannte er »Chronometer«.

Ich begann von unsichtbaren Linien zu träumen, die pfeilgerade durch die Weltmeere schnitten, es sei denn, sie wurden losgerissen wie Taue und von hohen Wellen durcheinandergepeitscht. Das ergab dann ein Knäuel, das Gott am nächsten Morgen bei Sonnenschein wieder auflösen musste. Damit die Seeleute sich an ihnen festhalten konnten, mussten die Taue dicht an dicht an den Polkappen liegen, sich nach und nach öffnen, und am Äquator rief Mr. Harrisons heisere Stimme: »900 Meilen entsprechen hier 15 Grad! Ein Grad Länge entspricht genau vier Minuten Erdrotation!«

Zum ersten Mal in meinem Leben träumte ich von Zahlen. Ich konnte, so sehr ich mich anstrengte, Mr. Harrisons Zahlen nicht begreifen, ich verstand, dass vier Schritte vier Schritte waren und meinetwegen ein Fünkchen Zeit beanspruchten, aber wie das mit schnell und langsam zusammenging und warum man nicht einfach Bojen auslegte, um die unsichtbaren Linien zu markieren, enträtselte mir kein noch so verstiegener Traum. Aber ich wusste, dass Mr. Harrison ernst zu nehmen war. Ein Mann, der zu Sonnenaufgang sagen konnte: »Es ist vier Uhr, vierundzwanzig Minuten und fünfzig Sekunden«, war ernst zu nehmen. Ein Mann, der deshalb verfolgt wurde, erst recht.

Denn nur mehr der König konnte ihm helfen. Immer wieder sagte er das. Wie es schien, gab es eine Verschwörung. Mächtige Fäden im Hinterhalt. Rädelsführer, Handlanger, Gedungene, Kabalen, Gedeih und Verderb. Ich begann ebenfalls misstrauisch zu werden, jedes Wort auf eine feine Uhrmacherwaage zu legen, wann immer es möglich war, hielt ich Wache vor Mr. Harrisons Kajüte, hatte selbst den Kapitän in Verdacht. Dann den Ersten Maat, dann den Zweiten. Irgendwann gelangte ich zu der Überzeugung, dass Peterson der geheime Spitzel war, der Mr. Harrisons Uhrwerk zerstören sollte. Peterson war so unauffällig, dass es geradezu auffällig war, ein ganz normaler Matrose mit ein paar wohlabgemessenen Schrullen, halbwegs unfreundlich, aber ohne in Raufhändel zu geraten, abergläubisch, aber mit einem dicken, silbernen Kreuz auf der Brust. Eines Nachts, als ich schon in der Koje lag, hatte er Mr. Harrison einen »alten Spinner« genannt. Jemand sagte beiläufig, man habe Mr. Harrison bis dato noch niemals betrunken gesehen, und da entfuhr es Peterson: »Der alte Spinner!«, und das hatte nichts mit Trinken oder Nichttrinken zu tun. Außerdem hatte Peterson Geld, und das war ungewöhnlich unter Matrosen. Er verlor beim Würfelspiel, ohne mit der Wimper zu zucken, trug ein feines Halstuch über der Halskette, an der das Silberkreuz hing, hatte sogar einen eigenen Vorrat an Rum und Süßigkeiten mitgebracht. Einmal hatte er mich eingeladen, ein Stück Weihnachtskuchen mit ihm zu teilen. Er war der Einzige, der mich nicht herumkommandierte. Wenn er etwas brauchte, sagte er »bitte« und »könntest du« zu mir, und das war ungewöhnlich unter Matrosen.

Indessen drohte Mr. Harrison einen regelrechten Seekoller zu erleiden. Nicht nur, dass ihm seit Anbeginn der Reise ständig übel war, was durch das Verweilen in der Kajüte, das Drehen an Schräubchen und Starren auf Ziffernblätter auch nicht gerade besser wurde, infolge von Furchtsam- und Wachsamkeit waren auch seine Nerven einigermaßen zerrüttet. Einmal, als er entkräftet in der Koje lag und ich ihm mit einem Konstruktionspapier Kühlung zufächelte, richtete er sich plötzlich auf und schrie: »Ich will Frauen sehen!«

»Jaja«, beruhigte ich ihn, »das sagen alle Männer auf den Meeren, soferne sie nicht mit ihresgleichen zufrieden sind.«

»Ich will Frauen sehen!«, schrie Mr. Harrison ein weiteres Mal.

»Geduld«, sagte ich, »auf Anguilla gibt es ohne Zweifel ein Bordell.«

»Wo denkst du hin!«, schrie Mr. Harrison und sprang aus der Koje. »Ich will einfach nur Frauen sehen, die mit Frauenschritten herumgehen, mit Frauenstimmen sprechen und irgendetwas mit ihren Frauenhänden tun!« Nun verstand ich und dachte an meine Mutter, die schon seit drei Jahren, acht Monaten und zwölf Tagen ohne mich war.

Da begann Mr. Harrison von Sir Isaac Newton und der Längengradkommission zu erzählen. Es ging um zwanzigtausend Pfund, eine Summe, von der man nach meiner

Vorstellung ganz Cornwall aufkaufen konnte und einen Teil von Devon dazu. Diese Summe war als Preisgeld ausgesetzt worden, von der Kommission und Sir Newton zu vergeben, an den, der das Längengradproblem löste. Sir Newton war, wie Mr. Harrison erläuterte, ein berühmter Astronom und selbst an der Lösung des Problems über die Gestirne und an dem Preisgeld interessiert.

»Und ich bin nur ein einfacher Tischler«, sagte Mr. Harrison, »man will mich vernichten. Ich habe nicht einmal das Uhrmacherhandwerk gelernt!« Er riss mir das Konstruktionspapier aus der Hand.

»Alles habe ich neu zeichnen müssen!«, rief er. »Alles von vorne, alles aus dem Gedächtnis, man hat meine Konstruktionspapiere beschlagnahmt und meine Schiffschronometer abholen lassen, und dann *stolperten* Sir Isaac Newtons Träger, *stolperten*, ha! Sie ließen meine Chronometer fallen, ich war nicht dabei, nur einen Brief schickte man mir: irreversibel zerstört, Begutachtung unmöglich. Fünf Jahre hatten sie sich damit wieder gekauft. Fünf Jahre, bis ich den nächsten Chronometer gebaut hatte, fünf Jahre, die sie auf die Berechnung der Jupitermonde verwandten, alles soll nur nach den Jupitermonden gehen, weil sie die Uhr nicht sehen wollen, die vor ihren Nasen so eindeutig tickt!«

»Fünfunddreißig Jahre«, flüsterte Mr. Harrison und sank über seinen Papieren zusammen, »fünfunddreißig Jahre schon habe ich versucht, den Skorbut zu verhindern, nur meinen Söhnen kann ich noch trauen.«

Als er sich wieder etwas erholt hatte, ließ er mich in einen der Chronometer hineinschauen.

»Lignum vitae«, sagte er, »ein Holz, das Fette ausscheidet, über Jahrzehnte hinweg. Diese Rädchen schmieren sich von selbst, und es gibt keine Abweichungen durch von außen aufgetragene Öle, die mit der Zeit verkleben.«

»Messing und Stahl«, sagte er und deutete auf silberne und goldene Stäbe, »das eine dehnt sich aus, das andere zieht sich zusammen. Hitze und Kälte, das gleicht sich aus, siehst du? Mit dieser Konstruktion verhindere ich, dass sich die Länge des Pendels bei Temperaturschwankungen verändert.«

Nachdenklich trottete ich zu meinen Pflichten. Die neugewonnene Erkenntnis, dass Mr. Harrison bereits Söhne hatte, nagte an mir. Und dann, fettes Holz, Metalle, die wuchsen und schrumpften wie Äpfel, vielleicht war Mr. Harrison doch wahnsinnig. Vielleicht war Sir Isaac Newton, der mit den Himmelskörpern Umgang hatte, mit einer hochherrschaftlichen Kommission und zwanzigtausend Pfund Preisgeld, der seltene Formeln und seltsame Sterne kannte wie unsereins Kakerlaken, vielleicht war Sir Isaac Newton, dem selbst Mr. Harrison ein freundliches Lächeln bescheinigte, doch der gute und vernünftige Pol. Ich schwankte. Nur eines stand fest: Wenn wir nicht immer wieder viele Tage lang die Augen aufreißen und nach Land suchen müssten, hätten wir viel weniger Zähne in den Händen und viel weniger Blut im Mund. Es musste also das Land mit anderen Mitteln gefunden werden als mit dem Augenaufreißen.

In dieser Nacht schlich ich mich an Deck und suchte nach Sternen. Doch über uns schwebte ein weiteres Meer, das genauso finster war wie das andere, dicke, reglose Wolken, nur darunter wirbelte Wind. Ich konnte kein einziges

Flimmern erkennen, auch keinen Jupiter oder Jupitermond, wenn ich gewusst hätte, wie die aussehen. Plötzlich stand Peterson neben mir und tat ganz selbstverständlich: »Na?«

Da er mich nicht rügte, bewegte ich mich nicht vom Fleck. Er lehnte beide Ellbogen an die Reling und schaute ins Dunkel wie ein vornehmer Passagier, der die Seeluft genießt. Einer plötzlichen Eingebung folgend fragte ich ihn: »Peterson. Woher weiß unser Kapitän, wo wir uns befinden?«

»Ganz einfach«, lachte Peterson, »er benützt seinen Sextanten.«

»Jaja«, sagte ich ungeduldig, »das betrifft Nord-Süd, was aber ist mit Ost-West?« Ich konnte nicht sehen, ob er über meine Navigationskenntnisse überrascht war.

»Für Ost-West«, sagte Peterson, »lässt er das Knotenbrett auswerfen und die Knoten zählen. So erhält er die Geschwindigkeit, und aus dieser berechnet er die Entfernung von London.«

Ich hakte nach: »Denkst du, dass man die Entfernung auch mit einer Uhr messen könnte?«

»Blödsinn«, lachte Peterson, »eine Uhr misst die Zeit. Die Zeit, und du weißt ja: Die Uhren gehen schneller, wenn man an Land ist, und an Bord eines Schiffes bleiben sie stehen.«

Ich beschloss, alle Versuche, mir durch eigenes Verständnis ein Bild zu machen, aufzugeben. Mein Gefühl sagte mir, dass ich zu Unrecht geschwankt hatte. Dass ein Tischler, der sich selbst das Uhrmacherhandwerk beigebracht hatte, die besten Voraussetzungen trug, Gottes Werkzeug zu sein. Immerhin war ich selbst jemand, den man für unbedeutend hielt, und doch drehten sich in meinem Kopf die merkwürdigsten Räder. Nur eine Frage hatte ich noch und ich stellte sie Mr. Harrison, als ich ihm seinen Tee brachte: »Was genau, Mr. Harrison, Sir, ist der Zweck Ihres Aufenthalts hier an Bord?«

»Ich teste die Chronometer«, erwiderte Mr. Harrison, ein wenig verwundert, dass ich darauf noch nicht gekommen war. »Ohne Wissen der Kommission. Erst muss ich selbst sicher sein, dass sie funktionieren, dann trete ich aufrecht in den Kampf. Es ist aber wahrscheinlich, dass Sir Isaac Newton mich beobachten hat lassen. Darum ließ ich die Chronometer von meinen Söhnen an Bord tragen, keinem anderen wäre zu trauen gewesen. Es könnte jemand angeheuert worden sein, um Sabotage zu üben. Wenn ich nur Geld hätte, würde ich mir eine Leibwache kaufen.«

Da erwähnte ich meinen Verdacht gegen Peterson.

»Peterson«, murmelte Mr. Harrison und bewegte seinen Kopf erst schüttelnd, dann nickend, dann schüttelnd.

»Als ich einmal an Deck war«, sagte er, »– das muss so am dritten Tag nach dem Auslaufen gewesen sein –, hatte ich mit ihm einen Zusammenstoß. Ich wollte über ein paar Taurollen klettern, und da fasste mich Peterson plötzlich von hinten am Arm. Um mir zu helfen, wie ich begriff, nachdem ich ihn so heftig weggestoßen hatte, dass er beinahe stürzte. Es war ein Missverständnis. Ich entschuldigte mich. Er grüßt mich immer sehr höflich. Peterson? Ich weiß nicht. Jeder könnte es sein.«

Etwas später traf ich Peterson wieder an der Reling an, wo er das sonnenbeglitzerte Meer müßig betrachtete. Er winkte mich zu sich und forderte mich auf, in die Weite zu blicken.

»Was siehst du?«

»Das Meer«, sagte ich, »den Himmel.«

»Und welches Gefühl weckt das in dir?«

Ich überlegte: »Freiheit. Es ist ein Gefühl der Freiheit.«

»Siehst du!«, rief Peterson und deutete mit dem Finger auf mich, als hätte ich genau das Richtige gesagt. »Und dennoch ist es eine Tatsache, dass man auf offenem Meer wie ein Gefangener lebt.« Ich musste an Mr. Harrison und seinen Koller denken, schüttelte aber trotzig den Kopf.

»Auf einer Brigg wie der Mary Mallory«, führte Peterson aus, »kannst du zwanzig Schritte in die eine Richtung gehen« – er deutete Richtung Heck – »und fünfzehn in die andere« – er deutete auf den Bug –, »du kannst in die Wanten klettern oder ein paar Treppen hinuntersteigen. Das ist dein ganzer Bewegungsraum. Von Freiheit keine Spur.«

»Das offene Meer gehört allen«, sagte ich, »es gibt auf ihm keine Landesgrenzen! Man kann es nicht erobern wie eine Kolonie! Es ist der freieste Ort auf der Welt.« Kopfschüttelnd machte ich mich davon. Peterson, das war mir nun endgültig klar, hatte nichts von einem normalen Matrosen an sich.

Ich musste die Sache selbst in die Hand nehmen. Auch ein großer Feldherr wie Mr. Harrison war bisweilen blind und brauchte einen unsichtbaren Helfer, der im Verborgenen wirkte. Es ging um den Längengrad. Es ging um die Klippen im Nebel. Es ging um zwanzigtausend Pfund, die Mr. Harrison zustanden, und es ging um mein Leben, das nicht an den Scilly-Inseln zerschellen sollte. Kein Zweifel: Peterson musste der Spion sein, der von Sir Isaac Newton ausgeschickt worden war, um Mr. Harrisons Chronometer zu zerstören. Was also war zu tun? Mord? Abwechselnd sah ich vor meinem geistigen Auge Petersons silbernes Kreuz und das Gesicht meiner Mutter.

Dann aber griff mir der Zufall unter die Arme, und durch einen kleinen, beiläufigen Satz hatte ich Sir Isaac Newton einen Strich durch die Rechnung gemacht.

Mr. Harrison war der Erste, der auf Anguilla von Bord ging: Er wollte durch Sternenberechnung die exakte Ortszeit ermitteln, um sie mit seinen Chronometern zu vergleichen. Fünfunddreißig Jahre hatte er investiert, aber nun interessierten ihn nur die Sekunden.

Ich verbrachte mehrere Tage mit Essen und vergaß darüber beinahe die Uhren, Mr. Harrison und die Längengradkommission. So war es auf jedem Landgang, essen, essen, nur selten kaufte ich von meiner geringen Heuer ein kleines Andenken für meine Mutter. Die Karibischen Inseln schätzte ich ob ihres Angebots an verlockenden Früchten, gelbe, rote, grüne Früchte, deren Namen ich nicht kannte, deren Geschmack mich an nichts Vertrautes erinnerte. Aber auch Bohnen, Reis und Schweinerippchen, Suppen, Eintöpfe, gebratene Hühner, alles verzückte mich, ich war wie betrunken, doch den hochgeschätzten Rum der Inseln rührte ich nicht an.

Am Abend vor dem Ablegen, als ich mir noch einmal so richtig den Bauch vollgeschlagen hatte, schwankte mir auf der staubigen Mole Peterson entgegen. Er machte mehrere vergebliche Versuche, mir auf die Schulter zu klopfen; als er sie endlich zu fassen bekam, hielt er sich daran fest.

»Mein Junge«, sagte er mit schwerer Zunge. Ließ mich los zu einer weit ausholenden Geste, taumelte, stand auf Zehenspitzen an der äußersten Molenkante, so dass er ins

Wasser zu stürzen drohte, ruderte mit den Armen und hatte sein Gleichgewicht wieder erreicht. Dann, mit dem Kinn auf die Mary Mallory deutend: »Wann legen wir morgen ab? Habs vergessen. Zu viel Rum. Ist es heute oder morgen? Wir legen doch morgen ab?«

»Zu Mittag«, sagte ich wie aus der Pistole geschossen. Und noch einmal, ihm fest in die Augen schauend: »Morgen Mittag legen wir ab.«

Als wir am nächsten Morgen bei Sonnenaufgang ablegen wollten, war Peterson nicht an Bord. Der Kapitän befahl, eine Weile zu warten, dann zog er sich mit seinen Offizieren zurück, um zu beraten, ob Peterson unbedingt gebraucht wurde. Offenbar wurde er es nicht. Wir legten ab. Anguilla wurde kleiner und kleiner, Peterson ferner und ferner. Zur richtigen Zeit am falschen Ort, dachte ich, oder zur falschen Zeit am richtigen Ort.

Mr. Harrison war wie verwandelt, spazierte an Deck auf und ab, wechselte freundliche Worte mit jedermann.

»Fünf Sekunden Abweichung!«, rief er, als er mich sah: »Fünf Sekunden in achtundachtzig Tagen!« Das wäre der Moment gewesen, in dem Peterson zugeschlagen hätte. Erst, wenn es notwendig gewesen wäre, wenn die Brauchbarkeit der Chronometer festgestellt war. Und Mr. Harrison alle Vorsicht über Bord gehen ließ.

Ich belastete Mr. Harrison nicht mit meinem Geheimnis, er hatte der Geheimnisse genug. Er läuft herum mit roten Bäckchen, er wird der Kommission entgegentreten, er wird in einem roten Wams zum König gehen.

Und Sir Isaac Newton hat diesmal nicht Geschichte gemacht.

Ein Seemann durch und durch*

Wer zur See fährt, kann nicht lange verzweifelt sein. Es gibt dafür auch viel zuviel Arbeit. Matthew trainierte seine Bauernmannschaft, bis ihr die Augen im Stehen zufielen. John lernte nicht nur alle Manöver und Gefechtsrollen, sondern auf dem ganzen Schiff jeden Block, jeden Beschlag, jede Naht. Er wußte, wo sich Taue und Ketten bekniffen, wie man Augen in ein Ende einschor, Taklings spleißte, Stengen laschte. Die Kommandos für sämtliche Segelmanöver konnte er auswendig, und das waren viele. Sorge bereitete nur der Kater Trim, eine graugetigerte Schönheit ohne jedes Mitleid. Das Tier saß in der Fähnrichsmesse mit bei Tisch und hatte bald herausgefunden, daß man dem langsamsten Midshipman leicht mit einem Pfotenschlag ein Stück Braten von der Gabel hauen konnte, um es dann an einem geschützten Ort zu verzehren. Das Manöver glückte viel zu oft. Die Tischgenossen warteten schon darauf, sie verschluckten sich fast vor Lachen. Unwillig bemerkte John, wie Trim dadurch immer beliebter wurde. Es war aber eine derjenigen Sorgen, über denen man die größeren vergessen konnte.

Die schlimme Figur erschien nachts immer seltener. Im Traum war John jetzt mehr mit dem Segelsetzen beschäftigt. Er hörte seine eigene Stimme gellen: »Schot vor. An die Marsfallen. Hol steif. Hiß Marssegel. Fest Marsfallen …«, und das Schiff tat zuverlässig, was es sollte.

Zu Beginn des Navigationsunterrichts sagte Matthew, er glaube nicht, daß irgend jemand in der Welt Gutes verrichten könne, ohne die Sterne bei Stand und Namen zu kennen. Dann erklärte er den Himmel und den Sextanten. John wußte schon Bescheid, aber er hatte das kostbare Instrument jetzt zum ersten Mal in der Hand. Die Spiegel und Meßstriche auf der Segmentskala stimmten auf einen sechzigstel Zoll genau. In der Mitte drehte sich ein Lineal mit dem orientalischen Mädchennamen Alhidade. John lernte als erstes, daß ein Sextant nicht zu Boden fallen durfte, und dann, wie man ihn bediente. »Entweder genaue Zahlen oder beten, ein Drittes gibt es nicht!« sagte Matthew. Wenn er durch den Peildiopter spähte, sah er selbst aus wie ein Präzisionsinstrument: das linke Auge geschlossen und von scharfen Sechzigstel-Zoll-Fältchen umgeben, die Nase gerümpft, die Oberlippe gekraust wie im Ausdruck tiefster Verachtung für alles Ungefähre. Das Kinn war zurückgenommen, soweit das bei Matthew ging. Da stand einer und wußte genau zu schauen, bevor er handelte. John und Sherard waren sich darüber einig, daß sie Matthew am meisten liebten, wenn er peilte.

Dann die Chronometer, von Matthew liebevoll Zeithüter genannt. Nur wenn man die genaue Greenwicher Zeit hatte, konnte man ausrechnen, bis zu welcher Länge man nach Westen oder Osten vorgedrungen war. Die Zeithüter waren einzeln in langer Handarbeit gebaut worden und trugen stolze Namen: Earnshaw's Nr. 520 und 543, Kendall's Nr. 55, Arnold's 176. Jeder hatte sein eigenes Gesicht – schwarze Ornamente auf schneidigem Weiß –, und jeder ging auf seine Weise ein wenig vor oder nach. Nur gemeinsam verbürgten sie Genauigkeit. Durch ständiges

Vergleichen kam jede Eigenwilligkeit des einzelnen sofort an den Tag. Uhren waren Geschöpfe. Das größte Wunder an ihnen war, daß ihre starke Federkraft durch die geheimnisvolle Ankerhemmung vollkommen gleichbleibend wirkte. Ging ein Zeithüter nur um eine Minute nach, so vertat man sich bei der Positionsberechnung schon um fünfzehn Seemeilen. Auch der Kompaß, Walker's Nr. 1, war eine respektable Figur. Er hatte die Neigung, überempfindlich zu reagieren, besonders wenn Kanonen in der Nähe waren.

Gern betrachtete John Land- und Seekarten. Er starrte sie so lange an, bis er jeden Strich zu verstehen meinte und alle Gründe für die Gestalt der Erde in diesem Gebiet. Küstenstrecken beurteilte er danach, wievielmal der Weg von Ingoldmells nach Skegness in sie hineinging – das war ein brauchbares Maß. »Eine Karte ist im Grunde etwas Unmögliches«, sagte Matthew, »denn sie verwandelt Erhabenes in Ebenes.«

Am liebsten sah John zu, wenn die Geschwindigkeit gemessen wurde. Als er zum ersten Mal selbst messen durfte und gefühlvoll die Logrolle ablaufen ließ, war er endlich ganz und gar froh. Nach einem Vorlauf von achtzig Fuß stand das Scheit richtig, der Anfangsknoten flutschte heraus, und Sherard drehte das Glas um. Achtundzwanzig Sekunden liefen Sand und Leine, dann hielt John fest und prüfte. »Drei Knoten und ein halber, berühmt ist das nicht.« Er maß gleich noch einmal.

John hätte sogar nachts Logleine und Sanduhr mit in die Koje genommen, wenn er hätte messen können, wie schnell ein Mensch schlief oder wieviel Fahrt seine Träume machten.

Matthew hatte seine Spleens. Tag für Tag ließ er Hängematten lüften, Wände mit Essig abwaschen und die Decks mit dem »heiligen Stein« schrubben. Das polternde Geräusch dieses Scheuerblocks weckte morgens die letzten Schläfer.

Oft wurden zum Essen Sauerkraut und Bier verordnet, und ein großer Vorrat an Zitronensaft stand bereit. So wollte Matthew den Skorbut überwinden. »Bei mir stirbt keiner«, sagte er drohend, »höchstens Nathaniel Bell am Heimweh.«

»Oder wir alle, aber nicht an einer Krankheit«, raunte Colpits im Kreis der Unteroffiziere. Er war jetzt wieder überzeugt, daß die prophezeite Strandung doch noch kommen würde. Es gab aber noch eine dritte Möglichkeit. Das Schiff machte pro Stunde zwei Zoll Wasser. Der Zimmermann kroch stundenlang in der Bilge herum, kam mit blassem Gesicht wieder an Deck und bat Matthew um ein Gespräch unter vier Augen. Sofort entstanden Gerüchte.

»Ich wette, eine der Planken ist aus Vogelbeerholz«, vermutete einer, »das wird uns zu den Fischen bringen!«

»Red keinen Unsinn!« schrie Mockridge. »Seht hier die Decksplanke aus Wacholder, die gleicht jede böse Wirkung aus!«

Es wurde viel geredet während des Pumpens, und gegen eine alte Geschichte hilft kein Verstand, vor allem wenn sie sich zu bestätigen scheint. Nach drei Tagen wurden die Gesichter noch länger. »Jetzt genehmigt sie sich schon vier Zoll pro Stunde«, sagte der erste Leutnant, »bald brauchen wir keine Katzen mehr, die Ratten ersaufen von selber.«

Madeira! John war wieder an Land. Der Boden stand so fest, daß die Beine ungläubig wackelten. Der Krieg rückte wieder näher: eben waren die Soldaten des 85. Regiments an Land gebracht worden und verjagten rund um die Stadt Funchal alle Kaninchen und Eidechsen durch fortwährendes Schanzen. Funchal sollte gegen einen französischen Angriff verteidigt werden. Dieser aber drohte nur deshalb, weil sie dort schanzten. England hatte das portugiesische Madeira in aller Freundschaft besetzt. Wie immer, wenn John zu einer Sache einen eigenen Gedanken hatte, der von anderen vielleicht nicht geteilt wurde, fühlte er Sorge aufsteigen. Aber er dachte: Ich weiß zu wenig Bescheid.

In Funchal wurden die Nähte der *Investigator* kalfatert bis oben hin. Nachts schlief man an Land, die Offiziere und Unteroffiziere in einem Hotel. John lernte, wieviel Flöhe und Wanzen sich an einem einzigen Ort zur gleichen Zeit versammeln konnten, es war etwas für die Naturforschung!

Die Wasserfässer wurden neu gefüllt, und Matthew kaufte Rindfleisch. Er erklärte seinen Midshipmen, wie man am bläulichen Fleisch eine alte Kuh von einer jungen unterscheiden konnte. Der Madeirawein war ihm zu teuer. Ein Faß zu zweiundvierzig Pfund Sterling, das war Seeräuberei mit anderen Mitteln. Das mochten die lungenkranken englischen Adligen bezahlen, die hier im Ochsenschlitten spazierenfuhren und Romane lasen.

Die Forscher versuchten auf den Pico Ruivo zu steigen, einen hohen Berg am Rand eines uralten ausgedehnten Vulkankraters. Wegen beträchtlicher Blasen an den Füßen erreichten sie den Gipfel nicht. Bei der Rückkehr schlug auch noch ihr Boot voll, und sie waren ihre Käfersammlung los. »Schade! Interessantere Käfer als auf Madeira gibt es nirgends auf der Welt«, seufzte Dr. Brown.

Als das Schiff bei sanftem Südwind die Insel wieder verließ, waren nur Franklin und Taylor auf dem Achterdeck, die anderen aßen. Taylor sah eine rote Staubwolke, die aus Nordosten über das Wasser kam. Beide folgerten daraus zunächst nichts. John dachte: Wüste. Er stellte sich vor, wie der Wind den roten Sand der Sahara emporhob, wie er ihn über die Küste hinaus und über das dunkle Meer hinjagte, vielleicht bis nach Südamerika. Irgend etwas schien John sonderbar. »Halt!« sagte er, und Minuten später: »Die Wolke hat doch …« Wieder etwas später standen schon alle Segel back, die starke Bö aus Nordost fuhr in den schwachen Südwind hinein und rupfte die Takelage der *Investigator*. Eine der Spieren kam klatschend herunter, und ein großer Block aus Ulmenholz erschlug eine der Katzen – aber nicht den Kater Trim. Die Sache verlief noch glimpflich. Alle aßen von einer aufgefischten Riesenschildkröte und tranken einen Schluck Malvasier auf das Wohl der toten Katze.

John dachte nach. Er hatte es gesehen und doch ratlos herumgestanden. Gewiß, wer eine Gefahr erkennen wollte, mußte erst einmal schauen. Aber beim Handeln brauchte man dann das Eingelernte, die Blindheit. Statt »Halt, die Wolke …« hätte er rufen sollen: »Wind schlägt um.« Gut sechs Minuten Zeit wären geblieben, um durch Abfallen und gleichzeitiges Anbrassen die Spieren zu schützen. Man hätte sogar noch die Bramsegel bergen können. John kam zu der Überzeugung, daß er auch alles Unvorhersehbare üben müsse. Irgendwann wollte er einmal ein Schiff retten, indem er schnell und richtig handelte.

Sherard fragte ihn ab: »Es ist Sturm, und der Leeraum reicht zum Halsen nicht aus.« Oder: »Mann über Bord bei Hart-am-Wind-Kurs!« John nahm sich jedesmal genau fünf Sekunden, um vor seinem inneren Auge alles gut betrachten zu können. Dann kam die Antwort: »›Mann über Bord‹ rufen. Tagrettungsboje zum Mann werfen, aber nicht auf den Mann – bei Nachtrettungsboje egal, da ohnehin dunkel. Beidrehen, Leeboot zu Wasser. Einer behält Mann immer im Auge.« »Gut«, sagte Sherard, »jetzt siehst du Flammen im Vorschiff!« Fünf Sekunden, Atemholen und: »Sofort abfallen auf Raumkurs, Luken dicht, Geschütze entladen, Kartuschen über Bord, Pulverkammer zu, Riegel vor, Speigatten verstopfen, Boote an den Rahen anschlagen zum Wasserwippen …« Hinter ihm stand längst Matthew. »Nicht schlecht«, meinte er. »Du fängst vielleicht etwas spät mit dem Löschen an.« John verstand langsam und wurde rot. Kleinlaut murmelte er: »An die Pützen …«

Wochenlang kein Land. Es war jetzt so warm, daß auch nachts keiner mehr in der Jacke herumlief. John spürte wohlig die Ruhe des Meeres, eine Ruhe, die von der Windstärke ganz unabhängig war. Die Mannschaft arbeitete immer besser. Sogar Stückmeister Colpits wurde freundlicher, obwohl er mit seiner Munition nur friedlichen Zwecken dienen konnte. Als Stanley Kirkeby sich am Arm verletzt hatte und fieberte, mußte er eine Mischung aus Schießpulver und Essig einnehmen. Schnell war er wieder auf den Beinen.

Im Traum sah John eine neue Figur. Das mondhelle nächtliche Meer wuchs zu einer eigenen Gestalt auf, es bäumte sich empor zu einer gelockten Wasserwolke, die spiralenförmig um sich selbst kreiste, nach oben im Umfang zunehmend wie eine wuchernde Pflanze, wie ein flackernder und brennender Busch aus Wasser oder ein Strudel, aber nicht aus Wind und Strömung, sondern aus eigener Kraft. Das Meer gab sich selbst einen Körper, es konnte sich neigen, Haltungen einnehmen, Richtungen anzeigen. Aus der scheinbar ewigen Geraden des Horizonts stieg im Traum mühelos diese riesenhafte Figur auf, sie war wie eine Wahrheit, durch die alles anders werden mußte. Himmelwärts öffnete sich ein Krater, ein Mund oder Schlund. Vielleicht war das Ganze ein Leviathan, vielleicht ein Tanz von Millionen kleiner Wesen. John träumte das oft. Manchmal folgten nach dem Aufwachen lange Gedanken. Mary Rose in Portsmouth fiel ihm ein, und daß es bei Frauen nicht auf einen äußeren, sondern auf einen verborgenen inneren Zeitpunkt ankam. Ein andermal sann er über den Zug des Volkes Israel durchs Rote Meer nach und vermutete, daß nicht Gott, sondern das Meer selbst für Rettung gesorgt habe.

Wenn er morgens in der Hängematte lag und nachdachte, hellwach schon längst vom Poltern des »heiligen Steins«, dann gab es Augenblicke von rauschhafter Klarheit. Er wußte, daß, sehr langsam, etwas Neues begann. Gleichzeitig spürte sein Rücken schon, wie das Meer heute aussah. Nicht mehr lang, und er war ein Seemann durch und durch.

JOACHIM RINGELNATZ

Segelschiffe

Sie haben das mächtige Meer unterm Bauch
Und über sich Wolken und Sterne.
Sie lassen sich fahren vom himmlischen Hauch
Mit Herrenblick in die Ferne.

Sie schaukeln kokett in des Schicksals Hand
Wie trunkene Schmetterlinge.
Aber sie tragen von Land zu Land
Fürsorglich wertvolle Dinge.

Wie das im Winde liegt und sich wiegt,
Tauweb überspannt durch die Wogen,
Da ist eine Kunst, die friedlich siegt
Und ihr Fleiß ist nicht verlogen.

Es rauscht wie Freiheit. Es riecht wie Welt. –
Natur gewordene Planken
Sind Segelschiffe. – Ihr Anblick erhellt
Und weitet unsre Gedanken.

Pierre Loti

Auf fremden Meeren*

Er war nun auf hoher See, wurde sehr schnell über unbekannte Meere getragen, die viel blauer waren als die Gewässer vor Island.

Das Schiff, das ihn in das entfernteste Asien trug, hatte Befehl, schnelle Fahrt zu machen, nur wenige Zwischenhäfen anzulaufen.

Aufgrund der steten Geschwindigkeit, die fast gleichmäßig beibehalten wurde, ohne Rücksicht auf Wind und Wellen, war ihm klar, wie weit fort sie schon waren. Als Marsgast lebte er wie ein Vogel auf einem Mast, mied die auf Deck zusammengepferchten Soldaten, das Gewühl unter ihm.

Zweimal hatten sie vor der tunesischen Küste geankert und Zuaven und Maultiere an Bord genommen; von weitem konnte er weiße Städte im Wüstensand oder in den Bergen erkennen. Er war sogar aus seinem Mastkorb hinuntergeklettert, um sich neugierig die dunkelbraunen Menschen in weißen Gewändern anzusehen, die mit kleinen Booten beigelegt hatten und Früchte feilboten: die anderen hatten ihm gesagt, daß es Beduinen waren.

Die Hitze und die Sonne, die noch immer herunterbrannte, obwohl es schon Herbst war, gaben ihm das Gefühl ungeheurer Fremde.

Eines Tags machten sie in einer Stadt namens Port-Said fest. Alle Flaggen Europas flatterten am Ende langer

Stangen, gaben ihr den Anschein eines Babel in Festtagsstimmung, und gleißender Wüstensand umgab sie wie ein Meer. Sie hatten direkt an den Kais Anker geworfen, fast zwischen langgezogenen Straßen mit Holzhäusern. Seit ihrer Abfahrt hatte er die Welt draußen nicht mehr so deutlich und nah gesehen, und diese Überfülle an Booten gefiel ihm.

In einem ununterbrochenen Getöse von Pfeifen und Dampfsirenen glitten all diese Schiffe in eine Art langen Kanal hinein, der schmal wie ein Graben war und sich wie eine silberne Linie durch die Unendlichkeit des Sandes zog. Von seinem Mastkorb aus sah er sie hintereinander herfahren wie bei einer Prozession, bis sie sich in der Weite verloren.

Auf den Kais tauchte jede Art von Kleidung auf; Männer in Tücher unterschiedlichster Farbe gehüllt liefen geschäftig umher, schrien im Hochbetrieb des Transithafens. Am Abend wurde das diabolische Pfeifen der Maschinen vom konfusen Spektakel mehrerer Orchester unterlegt, deren lärmende Spielweise den herzzerreißenden Kummer der aus ihrer Heimat Verbannten betäubte.

Am nächsten Morgen bei Sonnenaufgang befanden auch sie sich in dem schmalen Wasserband, hinter sich ein langer Schweif von Schiffen aus allen Ländern. Zwei Tage hatte er gedauert, dieser Gänsemarsch durch die Wüste; dann öffnete sich vor ihnen ein neues Meer, und bald waren sie wieder auf hoher See.

Noch immer liefen sie volle Kraft voraus; dieses viel wärmere Meer hatte auf der Oberfläche rote Streifen, und manchmal hatte der aufgewühlte Schaum des Kielwassers die Farbe von Blut. Fast die ganze Zeit verbrachte er in seinem Mastkorb, sang für sich alleine ganz leise *Jean-François de Nantes*, um sich an seinen Bruder Yann, an Island, an die schöne vergangene Zeit zu erinnern.

Manchmal glaubte er in fernen Luftspiegelungen Berge unterschiedlichster Formationen zu sehen. Die das Schiff führten, erkannten wohl trotz der Distanz und der Dunstschleier die vorspringenden Kaps der Kontinente, die wie ewige Wegzeichen an den großen Wasserstraßen der Welt stehen. Doch wenn man nur Marsgast ist, wird man wie ein Gegenstand mittransportiert ohne Kenntnis von der Entfernung und den Ausmaßen der unendlichen Weite.

Er hatte nur ein vages Gefühl von der erschreckend großen Entfernung, die immer größer wurde; doch dieses Gefühl wurde sehr klar, wenn er von oben herab das Kielwasser, das rauschend und reißend schnell rückwärts floh, betrachtete, wenn er ausrechnete, wie lange diese Geschwindigkeit schon anhielt, bei Tag und bei Nacht.

Unten auf Deck lagerte ein Haufen Männer schwer atmend im Schatten von Zeltplanen. Das Wasser, die Luft, das Licht hatten einen eintönigen, erdrückenden Glanz angenommen; und der ewige festliche Gleichklang dieser Dinge war wie Hohn auf die Lebewesen, die vergänglich waren:

… Einmal, als er in seinem Mastkorb saß, hatte er große Freude an Schwärmen kleiner Vögel von ihm unbekannter Art, die sich wie ein Wirbelsturm aus schwarzem Staub auf das Schiff stürzten. Sie waren am Ende ihrer Kräfte und ließen sich in die Hand nehmen und streicheln. Jeder der Marsgasten hatte welche auf der Schulter sitzen.

Aber schon bald starben die ersten, die besonders erschöpft waren.

… Zu Tausenden starben sie, diese Winzlinge, auf den

Rahen, auf den Ladepforten unter der furchtbaren Sonne des Roten Meeres.

Sie waren über die großen Wüsten von einem starken Sturm herangetrieben worden. Aus Angst, in dieses unendliche Blau ringsum zu fallen, hatten sie sich mit letzter Kraft auf das vorbeifahrende Schiff niedergelassen. In irgendwelchen fernen Regionen Libyens hatte sich ihre Art in übermäßiger Liebe üppig vermehrt, ohne Maß vermehrt, bis es zuviel davon gab, und bis die blinde, seelenlose Mutter, die Natur, diesen Überfluß an kleinen Vögeln durch einen Windstoß mit derselben Unbeirrbarkeit fortjagte, mit der sie eine Generation von Menschen vertilgt.

Und sie starben alle auf den heißen Eisenbeschlägen des Schiffes: das Deck war übersät mit kleinen Körpern, die noch am Vortag voller Leben, Gesang und Liebe waren ... Kleine schwarze Fetzen aus durchnäßten Federn, Sylvestre und die anderen Marsgasten sammelten sie auf, breiteten voller Mitleid die feinen bläulichen Flügel auf ihrer Hand aus und fegten sie dann mit dem Besen in das große Nichts des Meeres ...

Danach fielen Heuschrecken, Töchter derer aus Moses Zeiten, über das Schiff her.

Tagelang fuhren sie noch durch ein unveränderliches Blau, in dem man nichts Lebendes mehr sah – außer fliegenden Fischen dann und wann ...

Reise von Teneriffa nach Brasilien

Am 1. November 1815 lichteten wir die Anker und verließen die Reede von Santa Cruz. Wir hatten im Kanal zwischen Teneriffa und Canaria Windstille, oder nur schwachen Wind. Wir sahen den Pic von Wolken völlig enthüllt, und am Morgen die Wasserdünste sich an ihm niederschlagen und ihn verschleiern. Am 3. hatten wir außerhalb des Kanals den N.O. Passat erreicht, der ungemein frisch blies und uns mit einer Schnelligkeit von 6 bis 8 Knoten (so viele Meilen die Stunde) auf unserm Wege förderte. Ich bemerke beiläufig, daß die Schnelligkeit seines Schiffes ein Punkt ist, in betreff dessen die Aussage jegliches Schiffskapitäns so unzuverlässig ist, als die einer Frau, die ihr eigenes Alter angeben soll. Wir durchkreuzten den 6. früh um 4 Uhr den nördlichen Wendekreis. Wir sahen an diesem Tag Delphine und am 7. die ersten fliegenden Fische.

Diese Tiere, die an Gestalt Häringen zu vergleichen sind, haben Brustflossen, die, zum Fluge und nicht zum Schwimmen geschickt, so lang wie der Körper sind. Sie fliegen mit ausgebreiteten Flossen in gebogenen Linien ziemlich hoch und weit über die Wellen, in die sie wieder tauchen müssen, um die Geschmeidigkeit ihrer Flugwerkzeuge zu erhalten. Da sie aber das Auge des Vogels nicht haben und nicht brauchen, weil die Natur ihnen in der Luft keine Hindernisse entgegen setzt, so wissen sie Schiffen, denen sie begegnen, nicht auszuweichen, und fallen häufig an Bord derer, die, wie der »Rurik«, nicht höher, als sich ihr Flug erhebt, aus den Wellen ragen. Begreiflich ist es, daß dem Nordmann, zu dem die Kunde nicht gedrungen ist, der Flug der Fische Grausen erregend, als eine Umkehrung der Natur erscheine. Der erste fliegende Fisch, der auf das Verdeck und unsern Matrosen in die Hände fiel, ward von ihnen unter Beobachtung des tiefsten Stillschweigens in Stücke zerschnitten, die sie sodann nach allen Richtungen in die See warfen. Das sollte das vorbedeutete Unheil brechen. Gar bald verlor sich für unsere Leute das Unheimliche einer Erscheinung, die in den gewöhnlichen Lauf der Natur zurück trat. Die fliegenden Fische fielen im Atlantischen und im Großen Ozean so oft und häufig auf das Schiff, daß sie nicht nur uns, sondern auch, so viel ich weiß, ein paar Mal den Matrosen zu einer gar vorzüglichen Speise gereichten.

Wir hatten in Teneriffa eine Katze und ein kleines weißes Kaninchen an Bord genommen. Beide lebten in großer Eintracht. Die Katze fing sich Fische, und das Kaninchen verzehrte die Gräten, die sie ihm übrig ließ. Ich erwähne dessen, weil es mir auffiel, das Kaninchen, nach Art der Mäuse und anderer Nager, ganz von animalischer Nahrung leben zu sehen. Das Kaninchen starb jedoch, bevor wir die Linie passierten, und die Katze erreichte auch nicht Brasilien.

Wir hatten am 9. die Breite der nordöstlichsten der Kapverdischen Inseln erreicht. Am 10. mittags zeigte sich uns Brava durch den Nebel, schon unter einem sehr hohen Winkel. Wir hatten gegen halb zwei Uhr diese hohe Insel zehn Meilen im S.O. + S. ½ O., und östlicher erschienen unter einem sehr geringen Winkel zwei andere Lande;

das östlichste mit einem anscheinlich vulkanischen Pic in der Mitte. Wir kamen am Abend der Insel Brava zu nah unter dem Winde, den sie uns plötzlich benahm. Über der Wolkenlage, die auf ihren Höhen ruhte, erschienen auf kurze Zeit, unter einem fast gleichen Winkel, die Gipfel der weiter liegenden Insel Fogo. Zwischen uns und Brava spielten unzählige Herden von Delphinen, die uns wohl nicht gewahrten, da sie an das Schiff nicht kamen.

Die Kapverdischen Inseln werden unter portugiesischer Botmäßigkeit mehrstens von armen Negern bewohnt. Die Einwohner der verschiedenen Inseln werden jedoch sehr verschieden geschildert. Die mit weißem Blute versetzten Einwohner von San Jago werden als unverständig und räuberisch dargestellt; die armen und guten Neger von Brava erinnern an die Neger, die uns Mungo Park kennen und lieben gelehrt hat.

Die Sage erzählt, daß die ersten, die auf Fogo gelandet, zwei Christenpriester gewesen, die daselbst ein gottgefälliges, einsiedlerisch beschauliches Leben führen wollten. Noch brannte die Insel von keinen unterirdischen Feuern. Man weiß nicht, ob die Ankömmlinge Alchymisten oder Zauberer gewesen; aber sie fanden im Gebürge Gold und bauten da ihre Zellen. Sie gruben nach Gold und scharrten einen Schatz zusammen, und ihr Herz wandte sich der Welt wieder zu. Der eine, der sich über den andern überhob, riß das mehrste Gold an sich; daher ihr wechselseitiger Haß und ihre Fehde. Die Flammen, die ihre nicht geheure Kunst ihrem Rachedurst verliehen, entzündeten die ganze Insel, und beide fanden im allgemeinen Brande ihren Untergang. Seither ließ die Gewalt des Feuers nach, das sich in den Mittelpunkt der Insel zurückzog.

Versunken im Anschaun dieser Inseln, auf denen meines Wissens noch kein Naturforscher verweilte, mochte ich träumen, es sei mir vorbehalten, sie einst zum Ziele einer eigenen Reise zu machen, und was dort noch für die Wissenschaft zu tun sei, zu leisten.

Übrigens haben uns weder Rauch noch Flammen die Vulkane dieser Inseln verraten, die frühere Reisende brennen gesehen, und Cook, der auf San Jago landete, erwähnt auch nichts von vulkanischen Erscheinungen.

Der nördliche Passatwind, den wir bis 6° n.B. zu behalten uns schmeichelten, verließ uns schon am 13. November im 10°. Dagegen erreichten wir am 18. zwischen dem siebenten und achten Grad n.B. den südlichen, den wir erst gegen die Linie anzutreffen hofften. Wir hatten binnen dieser Grenzen und während dieser Zeit unbeständiges Wetter, Windstille, von häufigen Windstößen und Regengüssen unterbrochen; zwei Mal leuchtete das Wetter und Donner ward gehört. Ein Mal, am 17. nachmittags, ward ein Phänomen, das einer Wasserhose glich, wahrgenommen. Der plötzlich einbrechende Regen störte einige Mal unsere Nachtruhe auf dem Verdecke. Boten brachten uns Kunde von dem Lande, das uns 5 1/2 Grad im Osten lag. Am 15. setzte sich ein schön rot befiederter Landvogel auf unsern Bugspriet nieder, und flog dann von uns weg. Am 16. umkreisten uns drei Reiher, von denen einer, der sich auf das Schiff setzen wollte, ins Wasser fiel; die andern setzten ihren Flug fort. Am 17. verfolgte uns vom Morgen an eine Ente, die am Mittag geschossen ward (Anas Sirsair Forsk.); endlich zeigte sich am 18. eine andere Ente.

Während dieser Zeit wurden auch verschiedene Haifische geangelt, und versahen uns mit erwünschter frischer

Nahrung. Ich möchte sagen, ich habe nie besseren Fisch gegessen, als den Haifisch; denn er pflegt auf hoher See gefangen zu werden, wenn man eben seiner begehrt.

Am 18. setzte sich der Wind zwischen S. und S.O. fest, und wir steuerten einen sehr westlichen Kurs. Wir sahen am 19. eine Seeblase, das seltsamste vielleicht der tierischen Geschöpfe, welche die Oberfläche des Meeres bewohnen. Wir sahen nur die eine nördlich vom Äquator; in der südlichen Halbkugel wurden sie häufig. Am Morgen des 21. waren uns zwei Segel im Angesicht, und wir wurden am Mittag von einem dritten Schiffe, einem heimwärts segelnden Ostindienfahrer, angesprochen, der ein Boot an uns sandte, Nachrichten von Europa zu begehren. Er teilte uns welche von St. Helena mit, wo Napoleon angelangt war. Am 22. und 23. umschwärmten uns Herden von Delphinen.

Am 23. November 1815 abends um 8 Uhr durchkreuzten wir zum ersten Mal den Äquator. Die Flagge ward aufgezogen, alles Geschütz abgefeuert und ein Fest auf dem »Rurik« begangen. Die Matrosen, die alle Neulinge waren, wußten nicht recht, was sie tun sollten, und ihr Neptun war ziemlich albern. Aber eine ausnehmende Freudigkeit herrschte unter ihnen, und eine Komödie, die sie aufführten, beschloß spät und ergötzlich den Tag. Punsch war ihnen in hinreichender Menge gereicht worden.

Der Beifall, den dieses Schauspiel geerntet, veranlaßte eine zweite Vorstellung, die am 3. Dezember Statt fand, und noch vorzüglicher ausfiel. Der Steuermann Petroff war dies Mal Dichter des Stückes und einer der Hauptdarstellenden. Es war ein rührendes Stück, aber mit gehöriger Ironie aufgefaßt und vorgetragen. Der Kirchengesang bei der Einsegnung des liebenden Paares bestand in der Litanei sämtlicher Taue und Leinen des Schiffes unter Anrufung des Herrn Steuermannes.

Überhaupt ward alle Sonntage für die Ergötzung der Matrosen gesorgt. Die Janitscharen-Instrumente wurden hervorgeholt und es ward gesungen. Ich bemerke beiläufig, daß unter den russischen Nationalliedern, die wir in allen fünf Weltteilen ertönen ließen, auch »Marlborough« war. Ich zweifle nicht, daß wenn heut zu Tage eine gleiche russische Expedition die See hält, ihre Sänger überall das Mantellied von Holtei unter ihren volkstümlichen Gesängen anstimmen.

Wir sahen am 24., 25. und 26. November ein Schiff, eine englische Brigg, welcher die Bramstange des großen Mastes fehlte.

Wir hatten auch, seit wir den südlichen Passat erreicht, häufige Wolken und rasch vorübergehende leichte Regengüsse, besonders während der Nacht. Der Wind, der allmählig vom Süden zum Osten übergegangen war, wandte sich am 30. November nach Norden und verließ uns ganz am 1. Dezember. Nach einer kurzen Windstille erhob sich der Südwind. Wir hatten am 5. die Sonne scheitelrecht. Wir durchkreuzten am 6. den südlichen Wendekreis. In diesen Tagen wurden mehrere Boniten harpuniert und versorgten uns mit frischen Lebensmitteln. Auch brachten uns Schmetterlinge wiederholt Kunde von dem Festlande Amerika, das uns 120 Meilen im Westen lag. Etliche Schiffe wurden gesehen.

Wir beobachteten am 7. Dezember ungefähr anderthalb Grad südlich vom Cap Frio eine Erscheinung, die sich am 9. auffallender wiederholte. Wind und Strom hatten andersfarbiges Wasser, strohgelbes und grünes, bandartig, scharfbegrenzt unabsehbar über die Oberfläche des Meeres hingezogen. Wir untersuchten das Wasser dieser farbigen Flüsse oder Straßen, die wir in unserm Kurs durchschnitten. Das blaßgelbe Wasser war wie von einem sehr feinen blaßgrünen Staube getrübt oder wie von einer mikroskopischen Spreu dicht überstreut. Das Färbende zeigte sich unter dem Mikroskop als eine freischwimmende, gradstäbige, gegliederte Alge. Eigenmächtige Bewegung ward an derselben nicht wahrgenommen. – Das am 7. untersuchte Wasser enthielt außerdem in sehr geringem Verhältnis grüne, schleimige Materie, und seltnere, sehr kleine rötliche Tiere aus der Klasse der Krebse, die umherschwimmend sich häufig Fäden von der Oberfläche holten und selbige zu Grunde zogen. Die Striche grünen Wassers, die am 9. beobachtet wurden, waren in der Regel weniger breit, als die graugelben. Sie verbreiteten einen sehr auffallenden faulen Geruch. Die reine grüne Farbe rührte von einer unendlichen Menge Infusorien her, die das Wasser verdichteten. Die Planarien-ähnlichen Tiere waren mit bloßen Augen kaum unterscheidbar. Das Wasser des Kanals von Santa Catharina war manchmal, besonders bei Südwind, ähnlich gefärbt, und hatte einen ähnlichen faulen Geruch, aber diese Tiere waren darin nicht vorhanden.

Am 10. überfiel uns ein Sturm in der Nähe des Hafens. Am 11. sahen wir das Land, und lagen am 12. nachmittags um 4 Uhr im Kanal von Santa Catharina auf der Seite des festen Landes und in der Nähe des Forts Santa Cruz vor Anker.

Bewegte See

Thomas Mann

Meerfahrt mit ›Don Quijote‹

Den 20. Mai [1934]

Was ich tue, sollte ich nicht tun, nämlich gebückt sitzen und schreiben. Es trägt zum Wohlsein nicht bei, denn das Meer ist, wie unsere amerikanischen Tischgenossen sagen, »a little rough«, und die Schwankungen des Dampfers, denen man Ruhe und Gemessenheit zubilligen muß, laden in dem oberen Stockwerk, wo dies Schreibzimmer gelegen ist, natürlich empfindlicher aus als weiter unten. Durch das Fenster zu sehen, ist nicht wohlgetan, denn das Steigen und Wegsinken des Horizontes setzt dem Kopf auf eine aus früherer Erfahrung vertraute, aber vergessene Weise zu; doch ist auch das Niederblicken auf Papier und Schrift nicht von der glücklichsten Wirkung. Sonderbarer Eigensinn, die Lebensgewohnheit, nach der Morgenbewegung, dem Frühstück stilistisch tätig zu sein, auch gegen so widrige Umstände durchzusetzen.

Wir haben gestern abend eine Weile vor Southampton gelegen und die paar Leute an Bord genommen, die für diesen letzten Halt vor der großen und nicht mehr zu unterbrechenden Fahrt gemeldet waren. Die Nacht hat uns schon weit entführt, weit ins Weite; noch ist die Südküste Englands in schwacher Sicht, aber nicht lange mehr, und die graue, leicht schaumige Scheibe des Meeres unter dem ebenfalls trübgrauen Himmel wird leer und vollkommen sein. Es ist mir nicht neu, daß mir das Meer, vom Schiffe aus erlebt, in seiner Kreisvollendung, bei weitem nicht den Eindruck macht wie vom Strande. Die Begeisterung, die sein heiliger Anprall an die Feste mir erregt, auf der ich stehe, bleibt aus. Es ist eine Entzauberung, die offenbar auf der Ernüchterung des Elementes zur Fahrbahn und Reisestraße beruht, wobei es seinen Charakter als Schaubild, Traum, Idee, geistiger Ewigkeitsdurchblick verliert und zur Umgebung wird. Die Umgebung, scheint es, ist nicht ästhetisch, das ist nur das entgegenstehende Bild. Schopenhauer sagt: »Es ist freilich schön, die Dinge zu sehen, aber es ist gar nicht schön, sie zu seyn.« Leicht möglich, daß die Wahrheit dieses gegen alle Sehnsucht gerichteten Satzes in Beziehung steht zu meiner Meereserfahrung. Keiner Illusion ist es zuträglich, praktisch intim mit ihr zu werden – auch wenn die Praxis durch so viel schamerregend schützenden Komfort herabgesetzt ist, wie ihn ein Luxusdampfer gewährt.

Einige Zumutung bleibt immer bestehen. Unausbleiblich der Nervenchoc der ersten Stunden nach Vertauschung der gewohnten stabilen Grundlage mit einer labilen. Es hat tagelang etwas Unglaubwürdiges, eine unter einem wogende, zerweicht sich hebende und wegsinkende Treppe hinunterzugehen: man faßt sich an den schwindelnd protestierenden Kopf und möchte es einen schlechten Scherz nennen. Ein absurder Spaziergang heute morgen an Deck – dies gelähmte Angehaltenwerden und betrunkene Vorwärtsfallen, das man mit einem verächtlich kopfschüttelnden Lachen begleitet, da sonderbarerweise die Neigung besteht, sich, unabhängig von den Umständen, einen Zustand zuzuschreiben, aus dem so viel Unwürde hervorgeht, – wie man ja seine Füße für ›schwer‹ hält beim Gehen auf ansteigender Straße. Aber mit Wohlgefallen stelle ich fest, daß keine Unzuträglichkeit, die das Meer mir bereitet, keine Hyperazidität und Erschütterung des Nervensystems meinen bluts- und kindheitsüberlieferten Freundschaftsgefühlen für das salzige Element etwas anhaben kann. Übelbefinden ist hier kein Grund zur Verdrießlichkeit, es läßt das Seelische intakt, wie es, sehr weitgehend, den Appetit intakt läßt, ich nehme sozusagen dem Meere nichts krumm und meine wohl, daß, auch wenn die Naturkrankheit es zu höheren Graden brächte, die Sympathie ihr standhalten würde.

Du meiner Jugend wilder Freund,
So sind wir einmal noch vereint!

Ich gedachte heute morgen der Verse, die Tonio Kröger nicht fertig zu schmieden wußte, da sein Herz lebte.

Zu den Symptomen der Seekrankheit niederen Grades muß man die Schläfrigkeit, ja Schlafsucht der ersten Tage rechnen. Der hohe Luftdruck mag schuld daran sein, vor allem aber die Schaukelbewegung, die einlullend auf eine betäubende Weise den Kopf benimmt. Unzweideutig ist es das Prinzip des Einwiegens der Kinder, die künstliche Schlaferzeugung durch Alteration des Gehirns, die das Schaukeln hervorbringt, eine Ammen- und Kindsmagd-Erfindung, uralt und nicht sehr gewissenhafter Art, wie Gaben von Mohn.

Franz Grillparzer

Tagebuch auf der Reise nach Frankreich und England

Sonntag, den 15. [Mai 1836]

Endlich Boulogne. Schon eine Post vorher schrie ein Mann englisch in den Wagen, daß ein Paketboot noch diese Nacht unmittelbar nach London abgehen werde. Das änderte auf einmal alle meine Entschlüsse. Sollte ich nun einen halben Tag und Nacht in Boulogne bleiben, dann nach Dover übersetzen, dort wieder schlafen und, weiß Gott wie lange, mich nach London hinrädern lassen? Ich zog eine zwölfstündige Wasserreise vor. In Boulogne, im Hotel de l'Univers, abgestiegen. Leidliches Mittagmahl. Dann sogleich in den Hafen, Anstalten für die Überfahrt zu machen. Es lagen statt einem zwei Dampfschiffe da. Ich zog das teurere vor, da ich das andere mir überfüllt dachte. So war es auch. Da ich, der Seekrankheit wegen, doch in keine Kajüte gehen wollte, mietete ich mich im second cabin ein, das heißt, da die Betten schon von Damen in Beschlag genommen waren, auf dem Verdecke. Ging ein wenig auf dem Hafendamm spazieren und sah die Sonne im Meere untergehen. War nicht mehr übellaunig, sondern traurig. Daß ich so von allen Banden des Lebens losgetrennt bin, ebenso unwillig, das Vergessensein zu ertragen als die Lasten der Berühmtheit, wenn ich dies Wort brauchen darf.

Endlich zum Gasthaus zurück. Fand dort schon einen Franzosen mit einer Engländerin, die die Überfahrt auf demselben Dampfboote machen wollten. Wir vereinigten unser Gepäcke und gingen nach dem Hafen zurück, der unterdes dunkel geworden war und vom Verwirr der Einschiffung ertönte. Der Platzbediente besorgte das Gepäck, wir traten ins Schiff. Ich wählte mir einen Platz auf dem Verdeck, den ich für die Nacht nicht zu verlassen beschloß. Eine gute Bank in der Mitte des Schiffs, wo die Bewegung am geringsten sein mußte. Wickelte mich in meinen Mantel und erwartete die Dinge, die da kommen sollten. Die Nacht wird immer dunkler. Große Sterne am Himmel. Die Schiffsglocke läutet, die Seile rasseln. Es ist Flutzeit, das Schiff wird beweglich. Immer dickrer Rauch qualmt aus dem Schornstein, wir sind im Gang. Der »Emerald«, so hieß das Schiff, bewegt sich langsam an dem andern Fünf-Schilling-Dampfschiffe, »Sovereign«, vorüber. Das Verdeck des letztern ist mit Passagieren bedeckt, die uns den Abschiedsgruß zujubeln. Wir nahen uns dem Ausgang des Hafens, wir sind in See. Meine Eingeweide verhielten sich ganz leidlich, obgleich ein ziemlich starker Wind die Wellen erregte, der noch dazu sehr kalt war, so daß ich den Mantel hart an die Augen emporzog. Die Passagiere verloren sich in die Kajüten, wo sie gespien haben mögen oder nicht. Ich blieb zuletzt allein mit dem Steuermann, der ein Lied knarrte, und dem Kapitän, der auf und nieder ging die ganze Nacht. Selten überfiel mich der Anfang eines Schlummers, von dem ich jedoch bald wieder emporschreckte und jedesmal ein Übelbefinden fühlte, das sich aber glücklich wieder verlor. Endlich bleicht sich die dunkle See; im Osten rötet sich hinter Wolkenmassen der Himmel, der Wind aber nimmt zu. Es war greulich kalt. Die englische Küste zeigt sich links. Eine Stadt, fern, fern. Es war Southampton, sagte man. Die Küste entschwindet wieder. Es wird Tag. Schon früher waren Schiffe aller Art, ununterscheidbar im Dunkeln, an uns vorübergezogen, jetzt wächst die Menge. Fischerboote, Handelsfahrzeuge, Dreimaster. Bald ist kein Punkt des Horizonts, in dem nicht irgend etwas die Anwesenheit eines Schiffes bezeichnete. Die Reisenden kamen wieder aufs Deck mit sonderbar überwachten Gesichtern. Die Bewegung des Schiffes wird milder, die Wasser der Themse machen sich fühlbar. Endlich geht es hinein in den Strom, die Ufer werden von beiden Seiten sichtbar. Ein paar Wachtschiffe, Handelsfahrzeuge vor Anker. Die Küsten ziemlich kahl. Endlich zeigen sich nahe liegende Häuser, von London durch keine Zwischenräume mehr getrennt. Im Fluß ein Wald von Kohlenschiffen vor Anker. Die Stadt beginnt. Zwischen unbedeutenden Häusern herrliche einzelne Gebäude; Schiffswerften, Docks. Wieder eine Handelsflottille vor Anker. Nun Türme und Säulen und Häuser rechts und links. Vor uns Brücken, rechts der Tower. Wir nähern uns dem Lande, es ist das Zollhaus neben der Londoner Brücke.

An offener See

Draußen in der Gåstensbucht lag an einem Maiabend eine Fischerschute vor dem Winde. »Rökarna« mit ihren in den ganzen Scheeren bekannten drei Pyramiden fingen an zu blauen, und am klaren Himmel bildeten sich Wolken, als die Sonne zu sinken begann; vor den Landspitzen hub das Wasser bereits an zu schlagen, und unangenehmes Stoßen im Raasegel deutete an, daß der Landwind sich bald gegen neu erwachenden Luftzug von oben, von draußen und von hinten brechen werde.

Am Steuer saß der Zollaufseher auf Österskären, ein Riese mit schwarzem, langem Vollbart; er schien dann und wann flüchtige Blicke mit den beiden Wächtern zu wechseln, die vorn im Schiff saßen, und von denen der eine auf die Vorstange achtete, die das große Raasegel im Winde hielt.

Hin und wieder warf der Steuermann einen prüfenden Blick auf den kleinen Herrn, der zusammengekrochen am Mast saß, ängstlich und erfroren schien und zuweilen den Plaid fester um Magen und Unterleib zog.

Der Zollaufseher mußte ihn komisch gefunden haben, denn er wandte sich oft nach der Leeseite, um zugleich mit dem Tabakspeichel ein drohendes Lachen auszuspucken.

Der kleine Herr trug einen biberfarbigen Frühlingsrock, unter dem ein Paar weite Beinkleider aus moosgrünem Trikot hervorsahen, die auf krokodillederne Halbstiefel mit schwarzen Knopfreihen an braunen Tuchschäften herabfielen. Von der übrigen Kleidung war beinahe nichts sichtbar, aber um den Hals hatte er einen kremefarbigen Foulard gewunden, und seine Hände, von denen die rechte von einem dicken, ciselierten Goldarmband in Form einer Schlange, die sich in den Schwanz biß, umschlungen war, schützten lachsfarbige, dreiknöpfige Glacéhandschuhe. Unter den Handschuhen an den Fingern waren Erhöhungen sichtbar, wie von Ringen herrührend. Das Gesicht war, so viel man sehen konnte, mager und leichenblaß, und ein kleiner, schwarzer, dünner Schnurrbart, dessen Enden nach oben gekräuselt waren, erhöhte die Blässe und gab dem Gesichtsausdruck etwas exotisches. Der Hut war zurückgeschoben und ließ das schwarze, gleichmäßig geschnittene Stirnhaar wie ein Stück von einer Plattmütze frei.

Was die Aufmerksamkeit des Steuermannes unermüdlich zu fesseln schien, waren das Armband, der Schnurrbart und das Stirnhaar.

Während der langen Fahrt von Dalarö hatte er, der ein großer Spaßvogel war, versucht, ein munteres Gespräch mit dem Fischereiinspektor einzuleiten, den er seinem Auftrag gemäß nach der Station auf Österskären hinauszusegeln hatte. Aber der junge Doktor hatte eine verletzende Unempfänglichkeit für die dreisten Witze gezeigt, worauf der Zollbeamte seine Ansicht begründete, daß der »Instruktor« hochmütig sei.

Inzwischen frischte der Wind auf, als sie sich luvwärts von Hanstén befanden, und das lebensgefährliche Segeln nahm seinen Anfang. Der Inspektor, der eine Marinekarte in der Hand hatte und nach Fragen, die er hie und da hingeworfen, Aufzeichnungen gemacht hatte, steckte die Karte jetzt in die Tasche und wandte sich mit einer Stimme, die mehr einer Frauen- als einer Männerstimme glich, an den Steuermann:

»Bitte, segeln Sie etwas vorsichtiger!«

»Haben Sie Angst, Herr Instruktor?« fragte der Steuermann höhnisch.

»Ja, ich habe Angst um mein Leben, denn darauf halte ich was« – entgegnete der Inspektor.

»Auf anderer Leute Leben nicht?« verwies ihn der Steuermann.

»Wenigstens nicht so viel, wie auf mein eigenes. Und Segeln ist eine gefährliche Beschäftigung, besonders mit dem Raasegel.«

»Sooo? Dann haben Sie wohl schon viel mit Raasegel gesegelt?«

»Noch nie im Leben. Aber ich sehe ja, wo der Wind mit Kraft einsetzt, berechne, wieviel Widerstand die Schwere des Boots zu leisten im Stande ist und weiß zu beurteilen, wann das Segel zurückschlägt.«

»Na, dann setzen Sie sich doch selbst an's Steuer«, fuhr der Zollaufseher ihn an.

»Nein! Das ist Ihr Platz, ich sitze nicht auf dem Kutschbock, wenn ich in Kronangelegenheiten reise.«

»Können wohl nicht segeln, selbstverständlich!«

»Wenn ich es auch nicht kann, so ist es doch gewiß sehr leicht zu lernen, nachdem jeder zweite Schuljunge und jeder einzige Zollwachtmeister es kann; also gar keine Schande für *mich*, daß ich es *nicht* kann! Segeln Sie jetzt nur vorsichtig, denn ich will nicht naß werden und auch nicht gern meine Handschuhe ruinieren.«

Der Bescheid war deutlich, und der Zollaufseher, der auf

Österskär die erste Nummer war, fühlte sich einigermaßen abgesetzt. Nach einer Bewegung des Steuers füllte das Segel sich wieder, das Boot hatte gute Fahrt und hielt auf die Scheereninsel zu, deren weiße Zollbude grell im Licht der untergehenden Sonne flimmerte.

Die inneren Scheeren schwanden, und man fühlte, wie aller Schutz und alle Wehr zurückblieb, als es hinaus ging auf das große Wasser, das sich jetzt so grenzenlos öffnete, und im Osten obendrein noch finster drohte. Keine Aussicht, dort zwischen Scheeren oder Inselchen unterzulaufen, keine Möglichkeit, im Fall eines Sturmes anzulegen und zu reffen; hinaus, mitten in's Verderben hinein ging es, über den schwarzen Abgrund fort, hin nach der kleinen Scheereninsel, die nicht größer aussah, als eine in's Meer geworfene Boje. Den Inspektor überlief es kalt, denn wie bereits angedeutet, hielt er sehr auf sein eigenes Leben und war intelligent genug, um seine unbedeutende Widerstandskraft gegen die unermeßlichen Kräfte einer übermächtigen Natur berechnen zu können. Er war bei seinen sechsunddreißig Jahren zu klarsehend, um die Einsicht und den Mut des Steuermannes zu überschätzen, und er sah durchaus nicht mit Zuversicht auf das braune Gesicht und den Vollbart; er glaubte nicht, daß ein muskulöser Arm einem Wind gebieten konnte, der mit einem Druck von tausenden von Pfunden gegen eine unzuverlässige Segelfläche blies, und er durchschaute diese Art von Mut, der nur auf mangelhafter Urteilskraft basierte. Welche Dummheit, dachte er, sein Leben in einem kleinen offenen Boote zu riskiren, wenn es gedeckte Fahrzeuge und Dampfboote gibt. Welch ein unglaublicher Einfall, ein so großes Segel an einem Tannenmast zu hissen, der sich bog wie ein Flitzbogen, wenn der Wind ordentlich einsetzte. Das Leetau hing schlaff, das Vorstagtau ebenfalls, und der ganze Winddruck lag auf dem Tau an der Luvseite, das obendrein noch verfault aussah. Er wollte sich keiner so ungewissen Sache wie der größeren oder geringeren Kohäsion einiger Hanfstricke überlassen, und wandte sich daher beim nächsten Windstoß zum Zollwächter, der am Tau saß, und befahl ihm mit kurzer aber durchdringender Stimme:

»Das Segel herunter!«

Der Zollwächter sah nach dem Achterteil des Schiffes, um die Ordre des Steuermanns abzuwarten, aber der Befehl des Inspektors wurde augenblicklich wiederholt, und zwar mit solchem Nachdruck, daß das Segel fiel.

Nun begann der Zollaufseher zu schreien:

»Wer zum Teufel hat denn das Kommando in meinem Boot?«

»Ich!« – antwortete der Verwalter.

Und damit wandte er sich mit einem neuen Befehl zum Zollwächter:

»Die Ruder auslegen!«

Die Ruder wurden ausgelegt, und das Boot trieb während ein paar Ruderschlägen ab, weil der Zollaufseher das Steuerruder im Zorn mit dem Bescheid hatte fahren lassen:

»Na, dann setz er sich doch selbst an's Steuer!«

Der Inspektor nahm augenblicklich den Platz im Achterteil ein, und bevor der Zollaufseher noch zu Ende geflucht hatte, lag die Ruderpinne bereits unter seinem Arm.

Der Glacéhandschuh riß sofort an den Daumennähten, aber das Boot ging seinen ebenen Gang, während der Zollaufseher sich in den Bart lachte und ein Ruder zum auslegen bereit hielt, um dem Boot den Kurs zu geben. Aber der Inspektor hatte keine Aufmerksamkeit für den zweifelnden Seemann übrig, er starrte nur aufmerksam nach der Windseite, konnte bald die lange Dünung und die kurz brechenden Windwellen unterscheiden, und hatte, nachdem er mit einem hastigen Blick über das Achterteil weg die Abtrift gemessen und im Kielwasser den Stromgang abgemerkt, den Kurs klar vor sich, den er einhalten mußte, um nicht an Österskären vorüber zu treiben.

Der Aufseher, der schon lange eine Begegnung mit den schwarzen, brennenden Blicken gesucht hatte, damit diese seine Lachlust gewahren sollten, wurde dessen bald müde, denn es sah aus, als ob diese Augen nichts von ihm annehmen, sich rein halten wollten von der Berührung mit etwas störendem oder beschmutzendem, und so wurde der Zollaufseher nach kurzen Versuchen niedergeschlagen und zerstreut und begann wieder das Manövrieren zu beobachten.

Die Sonne war jetzt am Rande des Horizonts, und die Wellen brachen sich, purpurschwarz am Fuß, tief grün an den Spitzen; wenn der Kamm sich am höchsten hob, leuchtete es grasgrün, und der Schaum spritzte und brauste, in der Sonne rot, champagnerfarben, und das Boot mit der Mannschaft lag unten in Dämmerung, während einen Augenblick später auf dem Wellenrücken die vier Gesichter aufleuchteten, um gleich darauf wieder zu erlöschen.

Aber nicht alle Wellen brachen sich, sondern einige wogten nur und wiegten das Fahrzeug leise, hoben und schoben es vorwärts. Es schien aber, als ob der kleine Steuermann schon aus der Entfernung beurteilen konnte, wann eine Sturzwelle kam, dann hielt er Stand, mit einem leichten Druck auf die Ruderpinne, fiel ab oder schlängelte sich zwischen der furchtbaren, grünen Wand durch, die drohend vorstürzte und sich über das Boot fortrollen wollte.

Die Sache war die, daß die Gefahr durch das Herabnehmen des Segels wirklich größer geworden, denn die treibende Kraft war jetzt geringer, weil man der Hebekraft des Segels entbehren mußte. Daher fing das Erstaunen des Zollaufsehers über das unglaublich feine Manövrieren an, sich in Bewunderung zu verwandeln.

An dem wechselnden Ausdruck des bleichen Gesichts und an den Bewegungen der Augen sah er, daß da drinnen Berechnungen der kombiniertesten Art vor sich gingen, und nachdem er, um nicht überflüssig zu erscheinen, sein Ruder ausgelegt hatte, hielt er die Zeit für gekommen, seine Anerkennung gutwillig zu geben, bevor sie ihm abgerungen wurde.

»Der ist früher schon auf See gewesen, ja!«

Der Inspektor, der teils sehr in Anspruch genommen war, teils in durchaus keinen Kontakt kommen wollte, um sich nicht in einem unvorhergesehenen Augenblick der Schwäche durch das scheinbar überlegene in der Äußerung des Riesen täuschen zu lassen, antwortete nichts.

Aus seinem rechten Handschuh war der ganze Daumen herausgerissen, und das Armband war herabgeglitten. Als nun der Lichtschein auf den Wogenkämmen erloschen war, und die Dämmerung sich herabsenkte, holte er mit der linken Hand ein Monocle hervor, warf es in's rechte Auge, bewegte den Kopf hastig nach mehreren Richtungen, als ob er Landmarken wahrnehme, wo gar kein Land war, und warf dann eine Frage hin:

»Ihr habt keinen Leuchtturm auf Österskären?«

»Nein, leider Gottes nicht«, erwiderte der Zollaufseher.

»Haben wir dort seichte Stellen?«

»Reines Wasser.«

»Man gewahrt aber die Leuchtfeuer von Landsort und Sandhamn?«

»Sandhamn unbedeutend, von Landsort mehr«, entgegnete der Zollaufseher.

»Bleibt jetzt still auf Euren Plätzen sitzen, dann gehen wir richtig«, schloß der Inspektor, der nach den Köpfen der drei Männer etwas abgemessen und einige unbekannte feste Punkte in der Ferne wahrgenommen zu haben schien.

Die Wolken hatten sich zusammengeballt, und an Stelle der Maidämmerung trat ein Halbdunkel. Es war, als ob man in irgend einer dünnen und undurchdringlichen Materie ohne Licht vorwärts schaukelte; die Wellen hoben sich nur noch wie dunklere Schatten von dem Halbschatten der Luft ab, steckten die Köpfe unter das Boot, nahmen es auf den Rücken und tauchten auf der andern Seite wieder auf, wo sie sich flach ausrollten. Aber Freund von Feind zu unterscheiden wurde jetzt immer schwerer, und die Berechnungen immer unsicherer. Zwei Ruder waren an der Leeseite ausgelegt und eins auf der Windseite, und mit Anwendung von größerer oder geringerer Kraft im rechten Augenblick mußte das Boot flott gehalten werden.

Der Inspektor, der bald nichts mehr sah als die beiden Leuchttürme im Norden und Süden, mußte jetzt das Auge durch das Ohr ersetzen, aber bevor er sich daran gewöhnen konnte, am Dröhnen, Ächzen und Zischen der Wogen eine Sturzwelle von einer Windwelle zu unterscheiden, war schon Wasser in's Boot gekommen, und er mußte seine feinen Halbstiefel retten, indem er sie auf das Sitzbrett setzte.

Bald jedoch hatte er die Harmonielehre der Wogen studiert und hörte sogar am Tempo des Schalls, wenn die Gefahr nahte; er spürte auf dem Trommelfell des rechten Ohrs, wenn der Wind stärker drückte und das Wasser höher aufzuwühlen drohte; es war, als ob er aus seinen fein empfindlichen Sinnen nautische und meteorologische Instrumente improvisiert hätte, zu denen die Leitungen aus seiner großen Gehirnbatterie führten, die von dem kleinen, komischen Hut und dem schwarzen Stirnhaar verdeckt wurde.

Die Männer, die beim Eindringen des Wassers in's Boot einen Augenblick aufrührerische Worte gemurmelt hatten, schwiegen, als sie fühlten, wie das Boot vorwärts eilte, und bei jedem Kommandowort: »Luvwärts oder leewärts« wußten sie, an welcher Seite sie einsetzen mußten.

Der Inspektor hatte auf die beiden Leuchttürme gepeilt und das viereckige Glas seines Monocles als Distanzmesser benützt, aber die Schwierigkeit, den Kurs innezuhalten, lag darin, daß aus den Fenstern der Hütten auf der Insel kein Licht schimmerte, weil die Häuser auf der Leeseite der Klippen lagen. Als die gefährliche Fahrt nun eine volle Stunde oder länger gedauert hatte, wurde vorn am Horizont eine Erhöhung sichtbar. Der Steuermann, der sich durch Einholen zweifelhafter Ratschläge nicht in seinen Intuitionen stören lassen wollte, auf die er sich mehr verließ, hielt schweigend auf das zu, was er für die Scheereninsel hielt und tröstete sich damit, daß das Erreichen irgend eines festen Punktes, welcher Art er auch sein mochte, immer noch besser wäre, als dies Schweben zwischen Luft und Wasser. Aber die dunkle Wand kam mit einer Schnelligkeit näher, die größer war als die Fahrt des Boots, so daß in dem Inspektor der Argwohn erwachte, es könne doch am Ende nicht seine Richtigkeit mit dem Kurs haben. Um Gewißheit zu erlangen, was es sein könne und zugleich ein Signal für den Fall zu geben, daß es ein Fahrzeug sei, das versäumt hatte, Laternen zu hissen, zog er seine Schachtel mit Windstreichhölzern hervor, zündete das ganze Bund an der Platte an und hielt es einen Augenblick empor, wobei er es so fortschleuderte, daß es einige Meter um das Boot herum erhellte. Das Licht hatte die Dunkelheit nur einen Augenblick durchdrungen, aber das Bild, das sich wie unter einer Wunderlampe offenbart, blieb dem Inspektor noch ein paar Sekunden vor Augen. Und er sah eine Treibeismasse, die sich an einer Untiefe gestaut hatte, gegen die sich jetzt die Wogen wie ein Grottengewölbe über eine Riesendruse von Kalkspath brachen; und er sah einen Schwarm von Pfeilschwänzen und Möven sich heben und untergehen in der Dunkelheit, aus der nur ein vielstimmiger Schrei ertönte. Der Anblick der Sturzwelle wirkte auf den Inspektor wie der Anblick des Sarges, der den geteilten Körper des zum Tode Verurteilten aufnehmen soll, und im Augenblick dieser Vorstellung erkannte er die doppelte Todesgefahr des Erfrierens und des Erstickens, aber die Angst, die seine Muskulatur lähmte, weckte hingegen alle verborgenen Kräfte seines Seelenlebens, so daß er im Bruchteil einer Sekunde eine sichere Abschätzung der Größe der Gefahr ausführen, die einzigen Mittel des Entkommens ausrechnen und darauf das Kommandowort: Stop! ausrufen konnte.

Die Männer, die der Sturzsee den Rücken zuwandten und sie nicht bemerkten, ließen die Ruder ruhen; das Boot wurde in die Welle, die eine Höhe von drei, vier Meter haben mochte, hineingezogen, die Woge brach sich hoch über dem Fahrzeug wie eine grüne Kugel aus Flaschenglas, ging mit ihrer ganzen Wassermasse auf der andern Seite nieder, der Nachen wurde auf der andern Seite gleichsam ausgespieen, allerdings halb voll Wasser, und die Passagiere waren durch den entsetzlichen Luftdruck halb erstickt. Drei Angstschreie, wie aus der Kehle von Schlafenden, die der Alp drückt, ertönten zu gleicher Zeit; vom vierten, vom Steuermann, vernahm man jedoch nichts. Er machte nur eine Bewegung mit der Hand nach der Insel hin, wo jetzt einige Kabellängen entfernt ein Licht aufzuflackern schien, und dann sank er gegen den Achtersteven zurück und blieb dort liegen.

Der Kahn hörte auf zu schaukeln, denn sie waren jetzt in ruhiges Wasser gekommen, die Ruderer saßen noch wie im Taumel und tauchten die Ruder ein, die garnicht nötig waren, da das Boot vom Wind sachte in den Hafen getrieben wurde. –

Honoré de Balzac

Ein Leben auf See*

An einem schönen Morgen befanden sich einige französische Kaufleute, die voller Ungeduld waren, mit den in mühseliger Arbeit und auf gefahrvollen Reisen nach Mexiko und Kolumbien erworbenen Reichtümern in ihr Vaterland zurückzukehren, auf einer spanischen Brigg, einige Meilen von Bordeaux entfernt. Ein Mann, durch Strapazen und Kummer mehr, als es seine Jahre mit sich brachten, gealtert, stützte sich auf die Schiffsverschanzung und schien unempfindlich für das Schauspiel, das sich den Blicken der Passagiere, die auf dem Oberdeck standen, darbot. Den Gefahren der Seefahrt entronnen und von der Schönheit des Tages angelockt, waren sie hinaufgestiegen, um von weitem ihr Vaterland zu begrüßen. Die meisten unter ihnen behaupteten, in der Ferne die Leuchttürme, die Gebäude der Gascogne und den Turm von Cordouan zu sehen, die zwischen den phantastischen Gebilden einiger weißen Wolken am Horizont auftauchten. Das Meer war so ruhig, daß, ohne die Silberfranse, die das Fahrzeug einsäumte, ohne die lange, rasch zerfließende Furche, die es zog, die Reisenden hätten meinen können, ihr Schiff läge unbeweglich auf dem Ozean. Der Himmel war von einer wunderbaren Klarheit. Die dunkle Farbe seiner Wölbung floß in unmerklichen Abstufungen mit der Färbung des bläulichen Wassers zusammen, und den Punkt ihrer Verschmelzung bezeichnete ein leuchtender Strich, von dem ein Funkeln wie von Sternen ausging. Auf der ungeheuren Wasserfläche schimmerte die Sonne in Millionen Strahlenbrechungen, so daß noch mehr Glanz von unten auszugehen schien als von den Gefilden des Firmaments. Ein wunderbar sanfter Wind schwellte die Segel der Brigg, und diese blendendweißen Tücher, die flatternden gelben Flaggen, das Gewirr des Tauwerks zeichneten sich mit zarten Nebentönen, die von den Schatten herrührten, die die Segel warfen, scharf gegen den leuchtenden Hintergrund der Luft, des Himmels und des Ozeans. Ein schöner Tag, ein frischer Wind, die Heimatserde in Sicht, ein ruhiges Meer, ein melancholisches Rauschen, eine schmucke, einsame Brigg, die auf dem Ozean dahingleitet wie eine Frau, die zum Stelldichein eilt – das war ein Bild voller Harmonie, bei dessen Anblick die Seele von einem Punkt aus, wo alles Bewegung war, die unwandelbaren Räume der Ewigkeit umfassen mußte. Es war eine unvergleichliche Gegenüberstellung von Einsamkeit und Leben, von Stille und Ton, ohne daß man wissen konnte, wo Ton und Leben, wo die Stille und das Nichts war; nicht eine menschliche Stimme brach diesen himmlischen Zauber. Der spanische Kapitän, seine Matrosen, die Franzosen standen oder saßen, ganz versunken in einer frommen Begeisterung, die voller Erinnerung war. Es war eine Trägheit in der Luft. Die heitern Gesichter zeugten von einem vollkommenen Vergessen vergangener Leiden, und all die Männer schaukelten sich auf diesem sanften Schiffe wie in einem goldenen Traume. Jedoch der alte Passagier, der sich auf die Schiffsverschanzung lehnte, betrachtete den Horizont von Zeit zu Zeit mit einer gewissen Unruhe. In seinen Zügen stand Mißtrauen gegen das Schicksal geschrieben, und er schien zu befürchten, daß sie nicht so bald den Boden Frankreichs betreten würden. Dieser Mann war der Marquis. Das Glück war für das Rufen und die Anstrengungen seiner Verzweiflung nicht taub gewesen. Nach fünf Jahren mühseliger Versuche und Arbeit war er Besitzer eines beträchtlichen Vermögens geworden. In seiner Ungeduld, in sein Vaterland zurückzukehren und seiner Familie das Glück zu bringen, war er dem Beispiel einiger französischen Handelsleute von Havanna aus gefolgt und hatte sich auf einem nach Bordeaux bestimmten spanischen Segler eingeschifft. Nichtsdestoweniger zauberte ihm seine Phantasie, die müde war, das Unglück vorauszusehen, die köstlichsten Bilder seines vergangenen Glückes vor. Als er von ferne den braunen Strich sah, den das Land zog, glaubte er seine Frau und seine Kinder zu sehen. Er war zu Hause, am heimischen Herd, und fühlte, wie man ihn an sich drückte und liebkoste. Er stellte sich Moina vor, schön, groß geworden, stattlich wie eine Jungfrau! Diese phantastische Vorstellung drängte sich ihm mit der Gewalt der Wirklichkeit auf, und die Tränen traten ihm in die Augen. Gleichsam um seine Rührung zu unterdrücken, blickte er nach dem dunstigen Horizont, der der nebligen Linie, die das Land ankündigte, gegenüberlag. »Da ist er …« sagte er, »er folgt uns.« »Was ists?« rief der spanische Kapitän. »Ein Schiff«, erwiderte der General leise. »Ich habe es schon gestern gesehen«, sagte der Kapitän Gomez. Er sah den Franzosen an, wie um ihn zu befragen. Dann flüsterte er ihm ins Ohr: »Es hat uns immer nachgesetzt.« »Und ich weiß nicht, warum es uns nicht eingeholt hat, denn es ist ein besserer Segler als Ihr verdammter ›Sankt Ferdinand‹.« »Er wird Havarie gehabt, ein Leck bekommen haben …« »Er holt uns ein!« rief der

Franzose. »Er ist ein kolumbischer Korsar«, sagte ihm der Kapitän ins Ohr. »Wir sind noch sechs Meilen vom Lande entfernt, und der Wind läßt nach.« »Er fährt nicht, er fliegt, als ob er wüßte, daß ihm in zwei Stunden seine Beute entwischt. Welche Tollkühnheit!« »Da!« rief der Kapitän aus; »ah! er heißt nicht umsonst der ›Othello‹. Er hat kürzlich eine spanische Fregatte in den Grund gebohrt und hat doch nicht mehr als dreißig Kanonen. Ich habe mich nur vor ihm gefürchtet, denn ich wußte, daß er in den Antillen herumstreicht ... Ah, ah!« fuhr er nach einer Pause fort, während deren er auf die Segel seines Schiffes blickte; »der Wind erhebt sich, wir werden es schaffen. Wir müssen es, der ›Pariser‹ wäre erbarmungslos.« »Auch der schafft es!« versetzte der Marquis.

Der ›Othello‹ war nicht mehr als drei Meilen entfernt. Obgleich die Mannschaft die Unterhaltung des Marquis mit dem Kapitän Gomez nicht gehört hatte, hatte das Auftauchen des Seglers den größten Teil der Matrosen und Passagiere an die Stelle geführt, wo die beiden standen; doch die meisten hielten die Brigg für ein Kauffahrteischiff und sahen es mit Interesse näher kommen, als plötzlich ein Matrose mit wilder Stimme ausrief: »Beim heiligen Jakob! Wir sind verloren, da ist der ›Pariser Kapitän‹ ...«

Bei diesem schrecklichen Namen verbreitete sich das Entsetzen in der Brigg, und eine nicht zu schildernde Verwirrung bemächtigte sich aller. Der spanische Kapitän flößte seinen Matrosen durch sein Wort eine momentane Tatkraft ein, und da er in dieser Gefahr um jeden Preis das Land erreichen wollte, ließ er alle obern und untern Beisegel aufstecken, Steuerbord und Backbord, um dem Winde die ganze Fläche der Leinwand, mit der seine Segelstangen ausgestattet waren, zu bieten. Aber all diese Handgriffe wurden unter großen Schwierigkeiten ausgeführt; sie ließen natürlicherweise das bewunderungswürdige Ineinandergreifen vermissen, das bei Kriegsschiffen so starken Eindruck macht. Obgleich der ›Othello‹ vermöge der Stellung seiner Segel wie eine Schwalbe flog, gewann er anscheinend so wenig Raum, daß die unglücklichen Franzosen sich einer angenehmen Täuschung hingaben. Plötzlich, in dem Augenblick, wo der ›Sankt Ferdinand‹ nach unerhörten Anstrengungen, dank der geschickten Manöver, die Gomez durch Stimme und Gebärde bewerkstelligte, neuerdings in Schwung gekommen war, legte der Untersteuermann durch eine falsche, wahrscheinlich beabsichtigte Bewegung des Steuers die Brigg quer vor den Wind. Die Segel, die den Wind nun von der Seite bekamen, schlugen so gewaltsam hin und her, daß die Brigg nicht mehr von der Stelle konnte; die Taue rissen, und das Schiff verlor vollständig die Richtung. Eine rasende Wut bemächtigte sich des Kapitäns, die ihn weißer machte als seine Segel: mit einem einzigen Satz sprang er besinnungslos mit seinem Dolch auf den Untersteuermann los, verfehlte ihn, stürzte ihn aber ins Meer. Dann ergriff er das Steuer und machte den Versuch, der entsetzlichen Verwirrung, die seine tapfere, beherzte Mannschaft befallen hatte, abzuhelfen. Tränen der Verzweiflung traten in seine Augen; denn ein Verrat, der uns um einen Erfolg bringt, welcher unserer eigenen Kraft zu danken wäre, trifft uns grausamer als ein sofortiger Tod. Aber je mehr der Kapitän fluchte, desto weniger geschah das Erforderliche. Er schoß selbst die Lärmkanone ab, in der Hoffnung, an der Küste gehört zu werden. In diesem Augenblick antwortete der Korsar, der mit rapider Geschwindigkeit herbeikam, indem er gleichfalls eine Kanone abfeuerte, deren Kugel etwa zwanzig Meter vom ›Sankt Ferdinand‹ ins Wasser schlug. »Alle Wetter!« rief der General, »war das gezielt! Sie scheinen eigens dazu gemachte Schiffskanonen zu haben.« Ein Matrose versetzte darauf: »Ja, sehen Sie, der da, wenn der redet, muß man stille sein! Der ›Pariser‹ würde sich vor keinem englischen Schiff fürchten.« »Es ist alles aus!« rief in höchster Verzweiflung der Kapitän, der durch sein Fernrohr noch nichts vom Lande entdecken konnte; »wir sind noch viel weiter von Frankreich entfernt, als ich glaubte.« Der General suchte ihn zu trösten. »Warum wollen Sie alle Hoffnung aufgeben? All Ihre Passagiere sind Franzosen. Sie haben Ihr Schiff an sie vermietet. Dieser Korsar ist Pariser, sagen Sie? Nun, hissen Sie die weiße Flagge und ...« »Und er wird uns in den Grund bohren«, erwiderte der Kapitän; »er fragt nach gar nichts, wenn er sich eine reiche Beute aneignen will.« »Ja, wenn es ein Seeräuber ist ...« »Seeräuber!« sagte der Matrose wild; »oh! er hält sich immer an das Gesetz oder weiß die Sache zu drehen.« »Nun denn«, erwiderte der General und hob die Augen zum Himmel »ergeben wir uns drein.« Und er hatte noch so viel Kraft, seine Tränen zurückzudrängen. Kaum hatte er diese Worte gesagt, als eine zweite, besser gezielte Kugel in den Rumpf des ›Sankt Ferdinand‹ eindrang. »Legt das Schiff back«, sagte der Kapitän traurig.

Und der Matrose, der den ›Pariser‹ verteidigt hatte, half dieses verzweifelte Manöver in sehr geschickter Weise auszuführen. Die Mannschaft verharrte eine tödliche halbe Stunde in der fürchterlichsten Bestürzung. Der ›Sankt Ferdinand‹ führte eine Million Piaster mit sich, die das Vermögen der fünf Passagiere ausmachten, und das des Generals betrug elfhunderttausend Franken. Der ›Othello‹ befand sich nun in einer Entfernung von zehn Flintenschußweiten, und man konnte deutlich die drohenden Schlünde von zwölf Kanonen unterscheiden, die bereit waren, Feuer zu geben. Er schien von einem Winde getragen zu sein, den der Teufel eigens für ihn blies; doch das Auge eines geübten Matrosen konnte leicht erkennen, woher diese Geschwindigkeit kam. Man brauchte sich nur den schlanken Bau der Brigg anzusehen, ihre langgestreckte Form, ihre Schmalheit, die Höhe ihres Mastwerks, den Schnitt ihrer Segel, die bewundernswerte Leichtigkeit ihrer Betakelung und die Fertigkeit, mit der die Gesamtheit ihrer Matrosen, von einem einzigen Willen gelenkt, die vollendete Stellung der weißen Fläche, die die Segel bildeten, ausnützte. Alles deutete auf eine ungeheure Machtsicherheit bei diesem schlanken Geschöpf aus Holz, das so behende, so kundig wie ein Streitroß oder ein Raubvogel war. Die Mannschaft des Korsaren verhielt sich ganz still und war bereit, falls sie auf Widerstand stoßen sollte, das arme Handelsschiff zu versenken, das sich zu seinem Glück, wie ein vom Lehrer ertappter Schüler, nicht rührte. »Wir haben Kanonen!« rief der General und drückte die Hand des spanischen Kapitäns. Dieser warf dem alten Soldaten einen beherzten, doch hoffnungslosen Blick zu und sagte: »Und Männer?« Der Marquis musterte die Mannschaft des ›Sankt Ferdinand‹, und ihn überfiel ein Schauder. Die vier Kaufleute waren bleich und schlotterten; die Matrosen, die um einen von den Ihren herumstanden, schienen zu beraten, ob sie sich für den ›Othello‹ entscheiden sollten, und starrten den Korsaren mit verschlagener Neugier an. Nur der Bootsmann, der Kapitän und der Marquis wechselten Blicke, die ein aufrichtiges Zusammenhalten versprachen. »Ach, Kapitän Gomez, ich habe vor sechs Jahren mit todbetrübtem Herzen von meiner Heimat und meiner Familie Abschied genommen; muß ich ihnen nun in dem Augenblick entsagen, wo ich die Freude und das Glück ins Haus bringe?« Der General wandte sich dem Meere zu, um seine das Schicksal anklagenden Tränen zu verbergen, und sah dabei, wie der Untersteuermann auf den Korsaren zuschwamm. »Diesmal«, entgegnete der Kapitän, »werden Sie für immer von ihnen Abschied nehmen.«

Der Franzose entsetzte den Spanier durch den verstörten Blick, den er auf ihn richtete. In diesem Augenblick lagen die Schiffe nahezu Bord an Bord; als der General das feindliche Fahrzeug in so unmittelbarer Nähe vor sich sah, glaubte er an die schlimme Weissagung des Kapitäns. Neben jeder Kanone standen drei Mann. Mit ihrem athletischen Körperbau, ihren eckigen Zügen, ihren nackten, nervigen Armen glichen sie Bronzestatuen. Der Tod hätte sie treffen können, ohne daß sie umgesunken wären. Die regen, flinken, kraftvollen, gut bewaffneten Matrosen blieben unbeweglich. Ihre energischen Gesichter waren stark von der Sonne gebräunt, von schwerer Arbeit gehärtet. Ihre Augen funkelten wie Leuchtkugeln und zeugten von einem wilden Kraftbewußtsein, von rasenden Begierden. Die tiefe Stille, die auf dem von Menschen und Hüten schwarzen Verdeck herrschte, war ein Beweis für die unbeugsame Disziplin, unter die ein mächtiger Wille diese menschlichen Teufel beugte. Der Befehlshaber stand mit über der Brust gekreuzten Armen ohne Waffen am Fuße des Hauptmastes; nur eine Axt lag zu seinen Füßen. Um sich gegen die Sonne zu schützen, trug er einen großen Filzhut mit breitem Rande, der sein Gesicht beschattete. Wie Hunde, die vor ihrem Herrn liegen, heftete die Mannschaft, Soldaten und Matrosen, abwechselnd die Augen auf ihren Kapitän und das Handelsschiff. Als die beiden Briggs aneinanderstießen, wurde der Korsar aus seiner Träumerei gerissen, und er sagte einem jungen Offizier, der neben ihm stand, zwei Worte ins Ohr. »Die Enterhaken!« rief der Leutnant. Und der ›Sankt Ferdinand‹ wurde von dem ›Othello‹ mit bewundernswerter Schnelligkeit geentert. Den Befehlen gehorchend, die der Korsar leise erteilt und der Leutnant wiederholt hatte, begaben sich die zu den verschiedenen Dienstleistungen bestimmten Männer hintereinander, wie Seminaristen, die zur Messe gehen, auf das erbeutete Schiff, um den Passagieren und Matrosen die Hände zu binden und sich der Schätze zu bemächtigen. Im Nu waren die mit Piastern gefüllten Tonnen, die Lebensmittel und die Mannschaft des ›Sankt Ferdinand‹ auf die Brücke des ›Othello‹ transportiert. Der General glaubte unter dem Bann eines Traumes zu stehen, als er mit gebundenen Händen, wie wenn er selbst eine Ware wäre, auf einen Warenballen geworfen wurde. Zwischen dem Korsaren, seinem Leutnant und einem Matrosen, der den Dienst des Bootsmanns zu versehen schien, fand eine Beratung statt. Als diese Unterredung, die nicht lange währte, beendet war, pfiff der Matrose seinen Leuten; auf einen Befehl, den er ihnen gab, sprangen sie alle auf den ›Sankt Ferdinand‹, kletterten in das Tauwerk und fingen an, ihn seiner Segel, seiner Takelage zu berauben, mit der gleichen Behendigkeit, wie ein Soldat auf dem Schlachtfelde einen toten Kameraden auszieht, dessen Schuhe und Rock ihm begehrenswert erscheinen. »Wir sind verloren«, sagte der spanische Kapitän, welcher die Gebärden der drei Schiffsoberen während ihrer Beratschlagung und die Bewegungen der Matrosen, die die Plünderung der Brigg vornahmen, mit den Augen verfolgt hatte, kalt zum Marquis. »Wie denn?« fragte der General. »Was sollen sie mit uns anfangen?« entgegnete der Spanier. »Sie sind jedenfalls zu der Einsicht gekommen, daß sie den ›Sankt Ferdinand‹ in den Häfen von Frankreich und Spanien schwer losschlagen können, und werden ihn in den Grund bohren, damit er ihnen nicht weiter zur Last ist. Was uns angeht, glauben Sie denn, sie werden sich unsere Beköstigung aufladen, wo sie doch in keinen Hafen einlaufen können?«

Kaum hatte der Kapitän diese Worte beendet, als ein entsetzliches Geschrei erscholl, dem ein dumpfes Geräusch folgte, welches von mehreren ins Wasser fallenden Körpern herrührte. Er drehte sich um und sah die vier Kaufleute nicht mehr. Acht Kanoniere mit wilden Gesichtern hatten die Arme noch hochgehoben, als der General sie mit Grauen anstarrte. »Habe ich es Ihnen nicht gesagt?« bemerkte der spanische Kapitän kalt. Der Marquis erhob sich hastig; das Meer hatte sich schon wieder geglättet, er konnte nicht einmal die Stelle sehen, wo seine unglücklichen Gefährten verschlungen worden waren; sie schwammen wohl mit gebundenen Füßen und Händen unter den Wogen, wenn die Fische sie nicht etwa schon gefressen hatten. Einige Schritte von ihm entfernt schlossen der verräterische Steuermann und der Matrose des ›Sankt Ferdinand‹, der die Stärke des Pariser Kapitäns gerühmt hatte, Freundschaft mit den Korsaren und bezeichneten ihnen mit dem Finger diejenigen von den Leuten der Brigg, die sie würdig erachteten, der Mannschaft des ›Othello‹ einverleibt zu werden; den übrigen wurden, obwohl sie schreckliche Flüche ausstießen, von zwei Schiffsjungen die Füße gebunden. Nachdem die Wahl beendet war, bemächtigten sich die acht Kanoniere der Opfer und warfen sie ohne Umstände ins Meer. Die Korsaren beobachteten mit boshafter Neugier die verschiedenen Arten, wie diese Männer fielen: ihre Grimassen und Todesqualen; doch ihre Gesichter drückten weder Spott noch Erstaunen noch Mitleid aus. Es war für sie ein ganz einfaches Erlebnis, an das sie gewöhnt waren. Die älteren von ihnen betrachteten mit finsterem, beharrlichem Lächeln die Fässer voller Piaster, die am Fuße des Hauptmastes aufgestellt waren. Der General und der Kapitän saßen auf einem Warenballen und tauschten einen fragenden und nahezu stumpfen Blick. Sie waren beinahe die einzigen, die von der Mannschaft des ›Sankt Ferdinand‹ übriggebliebenen waren. Die sieben von den beiden Spionen unter den spanischen Seeleuten ausgewählten Matrosen hatten sich bereits wohlgemut in Peruvianer verwandelt. »Was für verdammte Schurken!« rief plötzlich der General aus, der in gerechtem Zorn seinen Schmerz und alle Klugheit außer acht ließ. »Sie gehorchen der Notwendigkeit«, entgegnete Gomez kalt; »wenn Ihnen einer von diesen Männern nochmals begegnete, würden Sie ihm doch Ihren Degen in den Leib stoßen.« »Kapitän«, sagte der Leutnant zum Spanier gewandt, »der Pariser hat von Ihnen sprechen hören. Er sagt, Sie sind der einzige Mensch, der die Meerengen in den Antillen und die brasilischen Küsten wirklich kennt. Wollen Sie ...?« Der Kapitän unterbrach den Leutnant mit einem verächtlichen Ausruf und antwortete: »Ich werde als Seemann, als treuer Spanier und als Christ sterben ... Hörst du?« »Ins Meer!« rief der junge Mann. Auf diesen Befehl ergriffen zwei Kanoniere Gomez. »Ihr seid Feiglinge!« rief der General und stellte sich vor die beiden Korsaren. »Erhitze dich nicht zu sehr, Alter! Vielleicht macht dein rotes Band auf unsern Kapitän Eindruck, ich schere mich den Teufel darum … Wir werden gleich auch ein Wörtchen miteinander reden.« In diesem Augenblick verkündigte ein dumpfer Fall, der von keinem Klageton begleitet war, dem General, daß der tapfere Gomez als Seemann gestorben war. »Mein Vermögen oder den Tod!« schrie er in rasender Wut. »Ah! du bist schlau«, sagte höhnisch der Korsar; »jetzt glaubst du sicher etwas von uns herauszuschlagen …« Auf ein Zeichen des Leutnants eilten gleich zwei Matrosen herbei und versuchten, dem Franzosen die Füße zu binden; aber dieser versetzte ihnen mit unvermuteter Kühnheit einen Schlag, riß dem Leutnant mit einer plötzlichen Bewegung den Säbel von der Seite und fing an, als alter Kavalleriegeneral, der sein Handwerk verstand, höchst gewandt damit herumzufechten. »Ah, ihr Seeräuber, ihr sollt einen alten Soldaten Napoleons nicht wie eine Auster ins Wasser werfen!« Ein paar Pistolenschüsse, die in nächster Nähe auf den widerspenstigen Franzosen abgegeben wurden, erregten die Aufmerksamkeit des Parisers, der gerade das Herüberschaffen des Takelwerks vom ›Sankt Ferdinand‹ beaufsichtigte. Ohne sich im mindesten aufzuregen, packte er den mutigen General von hinten, trug ihn hinweg, zog ihn an den Rand des Verdecks und schickte sich an, ihn wie eine unbrauchbar gewordene Stange ins Meer zu schleudern. In diesem Augenblick begegnete der General dem fahlen Auge des Räubers seiner Tochter. Der Vater und der Schwiegersohn erkannten sich auf der Stelle. Der Kapitän, der den General in einem Schwung hochgehoben hatte, machte eine jähe, entgegengesetzte Bewegung, als wäre er ein leichtes Gewicht, und stellte ihn neben dem Hauptmast nieder. Ein Gemurmel entstand auf dem Verdeck; doch der Korsar schleuderte seinen Leuten einen Blick zu, und alsbald herrschte die tiefste Stille. »Es ist der Vater Helenens«, sagte er mit heller, fester Stimme; »wehe dem, der ihn nicht in Ehren hält!« Ein freudiges Hurrarufen erscholl auf dem Verdeck und erhob sich zum Himmel wie ein Gebet, wie das Anstimmen eines ›Tedeum‹. Die Schiffsjungen schaukelten sich in den Tauen, die Matrosen warfen ihre Mützen in die Luft, die Kanoniere stampften mit den Füßen, alle waren in Bewegung, heulten, pfiffen, wetterten. Der fanatische Ausbruch dieser Fröhlichkeit verursachte dem General ein Grauen, hinter dem er ein schreckliches Geheimnis witterte. Seine ersten Worte, als er die Sprache wiedererlangte, waren: »Meine Tochter! Wo ist sie?« Der Kapitän heftete auf den General einen Blick, vor dem auch der Unerschrockenste gezittert hätte, ohne daß man einen Grund dafür hätte angeben können. Er machte ihn zur großen Befriedigung der Matrosen, die sich freuten, daß sich die Macht ihres Herrn an allen Wesen bewährte, verstummen, führte ihn an eine Treppe, hieß ihn hinabsteigen und stieß die Tür einer Kabine mit den Worten auf: »Da ist sie.«

Dann verschwand er und ließ den alten General in einer Art Betäubung vor dem Anblick des Bildes zurück, das sich ihm darbot. Als die Tür des Gemachs so heftig aufgestoßen wurde, erhob sich Helene von dem Diwan, auf welchem sie geruht hatte; sie sah den Marquis und stieß einen Schrei aus. Sie war so verändert, daß das Auge eines Vaters dazu gehörte, um sie wiederzuerkennen. Die Sonne der Tropen hatte ihr weißes Gesicht gebräunt und ihm ein wundervolles Kolorit verliehen, das einen Hauch von orientalischer

Poesie darüberbreitete; es strömte etwas Hoheitsvolles, Majestätisches von ihr aus, ein starkes Gefühl, das selbst noch auf einen rohen Menschen Eindruck machen mußte. Ihr langes, üppiges Haar, das in schweren Locken auf ihren edelgeformten Hals fiel, erhöhte noch den stolzen Charakter ihrer Erscheinung. In ihrer Haltung, ihrer Gebärde brachte Helene das Bewußtsein, das sie von ihrer Macht besaß, zum Ausdruck. Eine triumphierende Selbstsicherheit tat sich in dem leichten Zittern ihrer Nasenflügel kund, und ihre ganze vollentwickelte Schönheit atmete friedliches Glück. Es lag in ihr etwas von der Sanftmut der Jungfrau und zugleich jener besondere Stolz, der den Frauen eigen ist, welche sehr geliebt werden. Sie war zugleich Sklavin und Herrscherin und wollte gehorchen, weil sie herrschen konnte. Sie war mit reizvoller und eleganter Pracht gekleidet. Zwar trug sie nur ein Kleid aus indischem Musselin, aber ihr Diwan und die Kissen waren aus Kaschmir; ein Perserteppich bedeckte den Fußboden ihrer geräumigen Kabine; ihre vier Kinder spielten zu ihren Füßen mit kostbaren Gegenständen und erbauten fremdartige Schlösser aus Perlenhalsbändern und Juwelen. In Vasen aus Sèvresporzellan, von Frau Jaquotot gemalt, standen balsamisch duftende Blumen; zwischen Jasmin aus Mexiko und Kamelien schaukelten sich kleine gezähmte exotische Vögel und schienen lebendige Rubine und Saphire zu sein. Ein Klavier befand sich in dem Gemach, und auf den mit roter Seide ausgeschlagenen Holzwänden sah man hier und da Bilder, zwar von kleinem Format, aber von den ersten Malern: ein Sonnenuntergang von Hippolyte Schinner hing neben einem Terborch; eine Madonna von Raffael machte einer Skizze von Géricault den Rang streitig; ein Gérard Dow übertraf alle Porträtmaler der Kaiserzeit. Auf einem Tischchen aus chinesischem Lack stand eine goldene Schale voll köstlicher Früchte. Kurz, Helene schien die Königin eines weiten Gebiets in ihrem Boudoir zu sein, in welchem ihr gekrönter Geliebter die erlesensten Dinge der Erde angehäuft hatte. Die Kinder betrachteten ihren Großvater mit lebhafter Neugierde. Inmitten des Tumults, der Kämpfe und Stürme, an die sie gewöhnt waren, glichen sie jenen nach Krieg und Blut begierigen kleinen Römern, die David auf seinem Gemälde ›Brutus‹ dargestellt hat.

»Wie ist das möglich?« rief Helene aus und nahm ihren Vater bei den Händen, um sich von der Wirklichkeit seiner Erscheinung zu überzeugen. »Helene!« »Vater!« Sie fielen einander in die Arme, und Helene drückte ihn mit großer Kraft und Zärtlichkeit an sich. »Du warst auf diesem Schiff?« »Ja«, erwiderte er traurig. Er ließ sich auf den Diwan nieder und sah der Reihe nach die Kinder an, die ihn ihrerseits mit naiver Aufmerksamkeit betrachteten. »Ich wäre umgekommen ohne …« »Ohne meinen Mann«, unterbrach sie ihn, »ich verstehe.« »Ach!« rief der General aus, »muß ich dich so wiederfinden, meine Helene, dich, die ich so beweint habe! So muß ich dein Schicksal von neuem bejammern.« »Warum?« fragte sie mit einem Lächeln; »freut es dich nicht, wenn ich dir sage, daß ich die glücklichste aller Frauen bin?« »Glücklich?« entfuhr es mit einem Auffahren der Verwunderung dem General. »Ja, teurer Vater«, erwiderte sie und ergriff seine Hände, die sie küßte und an ihre Brust drückte. Ihre Augen funkelten vor Vergnügen, und sie nickte noch bekräftigend mit dem Kopf. »Und wie ist das möglich?« fragte er voller Begierde, das Leben seiner Tochter kennen zu lernen. Ihr strahlendes Gesicht ließ ihn alles vergessen. »Höre, Vater«, sprach sie, »ich habe zum Geliebten, zum Gatten, zum Diener, zum Herrn einen Mann, dessen Seele so grenzenlos ist wie dieses Meer, so unerschöpflich an Güte wie der Himmel, mit einem Wort: einen Gott. In sieben Jahren hat kein Wort, kein Gefühl, keine Miene den leisesten Mißklang in die himmlische Harmonie seiner Gespräche, seiner Liebkosungen und seiner Liebe gebracht. Nie hat er mich anders angesehen als mit einem holden Lächeln auf den Lippen, einem Freudenstrahl in den Augen. Dort oben übertönt seine donnernde Stimme oft das Heulen des Sturmes oder das Gewühl der Kämpfe, aber hier ist sie sanft und melodisch wie die Musik von Rossini, dessen Werke zu mir gelangen. Alles, was die Phantasie einer Frau ersinnen kann, wird mir zuteil. Oft werden meine Wünsche noch übertroffen. Kurz, ich herrsche auf dem Meere, und man gehorcht mir wie einer Fürstin … Glücklich!« unterbrach sie sich, »glücklich ist kein Wort, die Seligkeit auszudrücken, die mich erfüllt. Mein Los steht über dem aller Frauen. Demjenigen, den man liebt, in grenzenloser Hingebung zugetan sein und von ihm ein unendliches Gefühl empfangen, in welchem die Seele einer Frau sich verliert, und dies unabänderlich und für immer! – sage, ist dies Glück? Ich habe schon tausend Leben gelebt. Hier bin ich allein, hier befehle ich. Nie hat ein Wesen meines Geschlechts den Fuß auf dieses herrliche Schiff gesetzt, wo Viktor immer in meiner Nähe ist. Er kann ohne mich nicht weiter gehen als von einem Teil des Schiffs zum andern«, sagte sie mit leichter Schelmerei. »Sieben Jahre! Eine Liebe, die sieben Jahre diese immerwährende Freude, diese stündliche Erprobung überdauert, ist das Liebe? Nein, o nein! Es ist besser als alles, was ich vom Leben kenne …

Die menschliche Sprache versagt, um ein so himmlisches Glück zum Ausdruck zu bringen.«

Ein Tränenstrom stürzte aus ihren heißen Augen. Die vier Kinder stießen einen klagenden Schrei aus, kamen wie die Küchlein zu ihrer Mutter herbeigelaufen, und der Älteste versetzte dem General mit drohender Miene einen Schlag. »Abel, mein Liebling«, sagte sie, »ich weine vor Freude!« Sie zog ihn auf ihre Knie; das Kind schlang zärtlich seine Arme um den stolzen Hals Helenens, wie ein junger Löwe, der mit seiner Mutter spielen will. »Hast du niemals Langeweile?« fragte der General, der die exaltierte Rede seiner Tochter mit Verwirrung angehört hatte. »O ja, wenn wir manchmal an Land sind; und auch da verlasse ich meinen Mann nie.« »Du liebtest früher Feste, Bälle, Musik?« »Meine Musik ist seine Stimme; meine Feste, das sind die Gewänder und der Putz, den ich für ihn erfinde. Wenn ihm mein Anzug gefällt, ist es nicht so, als ob die ganze Welt mich bewunderte? Dies ist der einzige Grund, warum ich diese Diamanten, diese Halsbänder, diese funkelnden Diademe, diese Kleinode, diese Blumen und Kunstwerke, mit denen er mich überhäuft, nicht ins Meer werfe; er sagt: ›Helene, wenn du auch nicht in die Welt kommst, so will ich doch, daß die Welt zu dir kommt.‹« »Aber auf diesem Schiff sind Männer, verwegene, schreckliche Männer, deren Leidenschaften …« »Ich verstehe dich, Vater«, beschwichtigte sie lächelnd; »sei ohne Sorge! Keine Kaiserin ist je mit mehr Ehrerbietung behandelt worden als ich. Diese Leute sind abergläubisch. Sie glauben, daß ich der Schutzengel dieses Schiffes, ihrer Unternehmungen und Erfolge bin. Aber ›er‹ ist ihr Gott! Eines Tages, ein einziges Mal, hat es ein Matrose an Achtung gegen mich fehlen lassen … in Worten bloß«, fügte sie lachend hinzu. »Bevor Viktor es erfahren konnte, und obwohl ich dem Manne meine Verzeihung schenkte, warfen ihn die Leute der Mannschaft ins Meer. Sie lieben mich wie ihren guten Engel. Ich pflege sie in ihren Krankheiten und habe schon manchen durch meine Sorgfalt und Wachsamkeit vom Tode errettet. Die armen Burschen sind zugleich Riesen und Kinder.« »Und wenn Kämpfe stattfinden?« »Ich bin daran gewöhnt«, antwortete sie; »ich habe nur beim erstenmal gezittert ... Jetzt ist meine Seele mit dieser Gefahr vertraut, ja, ich liebe sie sogar, ich bin deine Tochter.« »Und wenn er umkäme?« »So würde ich ihm in den Tod folgen.« »Und deine Kinder?« »Sie sind die Söhne des Meeres und der Gefahr, sie teilen das Leben ihrer Eltern ... Unsere Existenz ist die gleiche und läßt sich nicht scheiden. Wir leben alle von dem gleichen Pulsschlag, sind alle auf derselben Seite des Lebensbuches eingetragen; ein und derselbe Nachen trägt uns, wir wissen es.« »Du liebst ihn also so sehr, daß er dir höher gilt als alles?« »Als alles!« wiederholte sie; »aber suchen wir nicht dieses Geheimnis zu ergründen. Sieh! dieser Knabe, das ist auch wieder er!« Sie preßte Abel mit außergewöhnlicher Kraft an sich und drückte flammende Küsse auf seine Wangen und Haare ... Der General rief aus: »Aber er hat doch eben neun Menschen ins Meer werfen lassen!« »Wahrscheinlich mußte es geschehen«, gab sie zurück, »denn er ist menschlich und großmütig. Er vergießt so wenig Blut, als möglich ist, ohne die Interessen der kleinen Welt, die er beschützt, und die heilige Sache, die er verteidigt, zu schädigen. Rede mit ihm über das, was dir schlecht erscheint, und er wird deinen Sinn zu ändern wissen!« »Und sein Verbrechen?« sagte der General, als spräche er zu sich selber. »Wenn es nun aber eine Tugend wäre?« versetzte sie mit kaltem Stolz; »wenn die menschliche Justiz ihn nicht hätte rächen können?« »Sein eigener Rächer sein!« rief der General. »Was ist denn die Hölle anderes als eine ewige Rache für die Vergehen eines Tages?« »Ah, du bist verloren! Er hat dich behext, dir den Sinn verkehrt. Du redest wider alle Vernunft.« »Bleib einen Tag bei uns, Vater, und wenn du ihm zuhören, ihn ansehen willst, wirst du ihn lieben.« »Helene«, sagte der General bedeutungsvoll, »nur einige Meilen trennen uns von Frankreich …« Sie erbebte, tat einen Blick durch das Fenster und zeigte auf das Meer, das seine ungeheuren grünen Wogen vor sich herrollte. »Dies hier ist meine Heimat«, erwiderte sie und klopfte mit der Fußspitze auf den Teppich. »Aber willst du denn nicht deine Mutter, deine Schwester, deine Brüder wiedersehen?« »O ja«, sagte sie mit Tränen in der Stimme, »wenn er es will und wenn er mich begleiten kann.« »Du hast also weder Vaterland noch Familie mehr«, fuhr der General in strengem Tone fort. »Ich bin seine Frau«, gab sie stolz und voller Würde zurück; »seit sieben Jahren ist dies die erste Freude, die ich nicht von ihm empfange«, dabei ergriff sie die Hand ihres Vaters und küßte sie, »und der erste Vorwurf, der mir gemacht worden ist.« »Und dein Gewissen?« »Mein Gewissen? Aber das ist er.« In demselben Augenblick fuhr sie heftig zusammen. »Da ist er«, sagte sie; »selbst während eines Kampfes, unter allen Schritten, erkenne ich den seinen auf dem Verdeck.« Und plötzlich färbte eine Röte ihre Wangen und gab ihren Zügen Glanz. Ihre Augen sprühten, in ihren Muskeln, ihren Adern, der unwillkürlichen Ergriffenheit ihrer ganzen Person drückten sich Liebe und Glück aus. Auf den General machte diese sensitive Erregbarkeit einen starken Eindruck.

In der Tat trat gleich darauf der Korsar ein, ließ sich auf einen Fauteuil nieder, zog seinen ältesten Sohn zu sich heran und fing an, mit ihm zu spielen. Es herrschte eine Weile Schweigen, unter dem der General, von Träumerei wie von einem Luftgebilde umfangen, diese elegante Kabine betrachtete, die einem Nest von Eisvögeln glich, wo diese Familie seit sieben Jahren zwischen Himmel und Wasser wohnte, von dem Willen eines einzigen durch die Gefahren der Kriege und Stürme geleitet, wie inmitten der sozialen Mißgeschicke ein Familienoberhaupt seine Angehörigen durchs Leben führt. Er blickte mit Bewunderung auf seine Tochter, die wie das phantastische Bild einer Meeresgöttin war und einen Hauch von unbeschreiblicher Poesie um sich her verbreitete, so daß vor ihrer Seelenschönheit alle Schätze, die sie umgaben, verblassen mußten. Es lag eine Fremdartigkeit in diesem Lebenskreis, die ihn überwältigte, eine Kraft und Hoheit der Leidenschaft und der Denkungsart, die alle herkömmlichen Anschauungen über den Haufen warf. Die kalten, engherzigen Kombinationen der Gesellschaft wurden vor diesem Bilde zu nichts. Der alte Soldat fühlte dies alles und begriff, daß seine Tochter niemals ein Leben aufgeben würde, das so schrankenlos, so reich an Kontrasten, so von einer seltenen Liebe ausgefüllt war, und daß sie, nachdem sie erst einmal die Gefahr gekostet hatte, ohne davon erschreckt zu werden, nie mehr zu den kleinlichen Begebenheiten einer armseligen, beschränkten Welt zurückkehren könne.

Seebrise

Das fleisch ist trauernd ach! und alle bücher las ich.
O fliehen dorthin fliehn! ich weiss dass vögel trunken
Inzwischen unbekanntem schaum und himmel sind.
Nichts – auch die alten gärten die das auge spiegelt
Nicht – hält dies herz zurück das sich im meere badet.
O nächte! weder die verlassne helle meiner lampe
Auf meinen leeren blättern die die weisse schüzt ·
Noch auch die junge frau die ihren säugling stillt.
Ich zieh ins ferne. Dampfer das getakel schaukelnd
Den anker heb nach einer fremden heissen erde!
Ein leid · um grausam hoffen in verzweiflung ·
Vertraut noch auf der taschentücher lezten gruss.
Vielleicht sind diese masten die die stürme laden
Von denen die ein windstoss neigt auf die zerschellten
Verlornen · ohne mast noch grüner insel flor …
Doch · o mein herz · horch horch auf der matrosen chor!

Die Docks von London

Wohin, du prächtiges Schiff, fragte der Dichter, als er am Ufer lag und das herrliche Segelschiff am Horizont entschwinden sah. Vielleicht, so stellte er sich vor, war irgendein Hafen im Pazifik sein Ziel; eines Tages aber mußte es höchstwahrscheinlich einen unwiderstehlichen Ruf gehört haben und an North Foreland und den Reculvers vorbei in die engen Gewässer des Londoner Hafens eingefahren sein, mußte an den niedrigen Ufern von Gravesend, Northfleet und Gallion's Reach entlanggesegelt sein, vorbei am Gaswerk und an der Kläranlage, bis es – wie ein Auto auf einer Parkfläche – seinen bereitgehaltenen Platz im tiefen Wasser der Docks gefunden hatte. Dort holte es die Segel ein und ging vor Anker.

So romantisch, frei und unstet diese Schiffe auch erscheinen mögen – es gibt kaum eines auf allen Meeren, das nicht wenigstens einmal im Hafen von London geankert hat. Aus einer Barkasse mitten im Fluß kann man sie stromaufwärts gleiten sehen, noch deutlich gezeichnet von der Reise, die hinter ihnen liegt.

Linienschiffe mit mehreren Decks, gedeckten Gängen und Sturmdeck kommen daher, mit Passagieren, die nach ihren Reisetaschen greifen und über die Reling lehnen, während unten die indischen Matrosen taumelnd umherhasten. An die Tausend dieser großen Schiffe kommen das ganze Jahr hindurch jede Woche hierher zurück, um in den

Docks von London vor Anker zu gehen. Majestätisch ziehen sie ihre Bahn durch das Gewimmel von Trampschiffen, schwer beladenen Kohleschuten und schwankenden Booten mit roten Segeln, die – so wenig professionell sie sich auch ausnehmen – Ziegel aus Harwich oder Zement aus Colchester heranschaffen. Denn hier geht es ums Geschäft; auf diesem Fluß gibt es keine Vergnügungsdampfer. Von einer unwiderstehlichen Strömung gelenkt, kehren die Schiffe aus den Stürmen und Flauten der Meere, aus Schweigen und Einsamkeit zu dem ihnen zugeteilten Ankerplatz zurück. Die Maschinen stehen still, die Segel werden eingerollt, und mit einem Mal zeichnen sich die farbenprächtigen Schornsteine und die hohen Masten gegen eine Reihe von Arbeiterhäusern oder gegen die schwarzen Wände riesiger Lagerhäuser ab, zu denen sie so gar nicht passen. Sie haben nicht mehr die ihnen angemessene Perspektive von Meer und Himmel hinter sich und auch nicht mehr genügend Raum zur Verfügung, um sich dehnen und strecken zu können. Sie sind wie hochfliegende Flügelwesen, die sich haben fangen lassen und nun gefesselt auf dem Trockenen liegen.

Nichts kann anregender sein – während uns der Wind von See her Salz in die Nase bläst – als die Schiffe zu beobachten, wie sie die Themse hinaufgefahren kommen – die großen und die kleinen Schiffe, schlimm mitgenommene und glanzvolle, Schiffe aus Indien, aus Rußland, aus Südamerika und aus Australien, die aus Schweigen und Gefahr und Einsamkeit kommen und an uns vorüberfahren, nach Hause in den Hafen.

Epilog

SIEGFRIED LENZ

Die allerletzte Reise oder: Schlachthof für Schiffe

Manche gehen auf schwedischen Klippen verloren. Manche wirft ein Sturm auf die scharfen Felsen vor der schottischen Küste. Der Atlantik holt sich einige, die Karibische See, die Pazifischen Gewässer: Schiffe enden überall. Im Nebel der Schelde, zwischen driftenden Eisbergen vor Grönlands Küsten, auf den wandernden Sandbänken der Deutschen Bucht, im Schlamm des Mississippi-Deltas, auf Atollen und Riffs der Sunda-Welt, in den kurzen Schmetterseen der Biskaya: überall liegen die unbeabsichtigten Friedhöfe der Schiffe, verteilt auf die Meere und Wasserstraßen der Welt. Manchmal beendet ein Sturm eine Fahrt, manchmal ein Schaden in der Maschine oder ein falsches Besteck, eine Unachtsamkeit, ein winziger nautischer Irrtum. Einige erwischt es auf der ersten Reise, andere trifft es in gesegnetem Alter: Schiffe enden planlos, unvermutet, als Beute eines tödlichen Zufalls. Das unterseeische Riff, das den Bug aufschlitzt, der feindliche Bug, der das entscheidende Leck reißt, die Faust des Taifuns, unter der das Schiff zerbricht: sie sorgen jedoch nicht für den tödlichen Zufall, sondern gleichsam für einen natürlichen Tod. Denn Schiffe, so hatte ich früher geglaubt, werden gebaut und hinausgeschickt und in Fahrt gehalten, bis sie der See nicht mehr gewachsen sind und ein Mißgeschick oder Verhängnis ihnen ein natürliches Ende bereitet, draußen auf See, in der heimischen Einöde des Meeres. Mit vielen geschieht es auch so: sie gehen draußen verloren, und ihre Tode erscheinen wie Zugeständnisse an die großen Gewässer.

Aber die meisten Schiffe enden anders, die bei weitem größere Zahl kommt auf andere Weise aus der Welt, ihre allerletzte Reise führt nicht zu unverstelltem Horizont, sondern in ein abgelegenes Hafenbecken, in die Windstille schützender Piers. Wenn draußen ein Schiff verlorengeht, wird sein Ende in den Nachrichten erwähnt, erscheint in der Zeitungsspalte für Vermischtes, und an den Küsten erreicht es den Wert eines Gesprächsgegenstandes für eine Weile: die Schiffe, die hier enden, erregen unser Interesse nicht mehr. Sie sterben sachliche Tode, sie sterben unauffällige, lakonische, ganz und gar zweckmäßige Tode, und sie gehen nicht dramatisch verloren wie vor fremden Küsten, sondern bedachtsam, nach ökonomischem Ratschluß. Hier, auf der Abwrackwerft, enden die meisten Schiffe, und von ihrem Ende spricht man nicht.

Anhang

Nachwort

Weit wie der Meereshorizont ist das Panorama der Texte, die unser literarisches Lesebuch vorstellt: räumlich, zeitlich, thematisch, in der Vielfalt der geschilderten und erzählten, der manchmal nur erdichteten Seereisen, und vielgestaltig auch mit Blick auf die Autorinnen und Autoren, die hier zu Wort kommen. Mit ihnen kann man in der Phantasie ›Übers Meer in die Ferne‹ schweifen.

Das Meer gilt als Ort der Freiheit, und die Ozeane der Welt bilden nicht nur riesige Wasserflächen, sondern auch gewaltige Projektionsräume – für ein Leben, das sich an Land nicht leben lässt, für das andere, das wirklich lebenswerte Leben, oder auch nur für den kleinen Urlaub vom Alltag, von Pflichten und Verantwortung. Zur Seereise gehört das Erlebnis der Häfen, gehören Abschied und Aufbruch, die Erwartung des Kommenden, das Leben an Bord mit seinen Geschehnissen – manchmal auch seiner Langeweile –, mit Wind und Wetter, Himmel und Sonne und schließlich der Ankunft, sei es an einem bekannten Ort, sei es in der Fremde. Die Texte des Lesebuchs spiegeln all dies. Sie sind in den fünf Kapiteln so zusammengestellt, dass beim Lesen ein möglichst großer Raum für neue, unerwartete Assoziationen bleibt.

Die Stationen der Seereisen reichen von der chilenischen Pazifikküste bis nach Ceylon, dem heutigen Sri Lanka, im Indischen Ozean, von der Nordsee bis New York, vom Roten Meer bis in die Karibik. Zeitlich spannt sich der Bogen der Texte über fast zwei Jahrhunderte hinweg: Adelbert von

Chamisso, der älteste hier vertretene Autor, schreibt über seine Erlebnisse auf See im Jahr 1815, und Cees Nooteboom berichtet über eine Schiffsreise, die er vor wenigen Jahren unternommen hat. Die Gesellschaft der Schriftsteller, die sich wirklich oder imaginär auf Reisen begeben, ist in ihrer Zusammensetzung international: Autorinnen und Autoren aus Deutschland und Österreich stehen neben solchen aus Skandinavien, England, den Niederlanden, Frankreich und Amerika. Das Meer fasziniert einen Philosophen wie Friedrich Nietzsche ebenso wie die Literatur-Nobelpreisträger Thomas Mann und Pär Lagerkvist, es inspiriert den französischen Dichter Stéphane Mallarmé wie den Erzähler Roald Dahl, den Meister des makabren Humors.

Reisen über See, die in die Ferne führen, sind von ganz verschiedener Art. Da gibt es Vergnügungsreisen – die Vorläufer der modernen Kreuzfahrt – und jene Seereisen, die den Passagier so schnell wie möglich ans Ziel bringen sollen; von Forschungsreisen wird berichtet und von der Schifffahrt aus Entdeckerdrang; oft nötigt auch die blanke Not zur Seereise, wie im Fall der europäischen Emigranten des 20. Jahrhunderts: die transatlantische Passage nach New York. Für alle diese Formen von Reisen übers Meer finden sich Beispiele im Buch. Das Schiff selbst wird dabei stets zum Schauplatz, auch und gerade im Fall der bloß erdichteten Reisen. In die literarische Erfindung und Gestaltung aber fließen eigene Erfahrungen der Schriftsteller ein: So verdanken sich etwa viele Details der Schilderungen, die Max Dauthendey in seiner Erzählung *Den Abendschnee am Hirayama sehen* gibt, den Eindrücken und Erlebnissen des Autors während seiner Weltreise in den Jahren 1905/06, die ihn nach Ostasien und von dort nach Amerika führte.

Wer übers Meer reist, hält sich immer nur begrenzte Zeit auf Schiffen auf. Anders die Seeleute, die Mannschaft, die Kapitäne, das Personal der großen Luxus-Liner – sie alle haben ihr Schiff als bewegten Wohnsitz gewählt. Auch von ihnen, ihren Träumen und Hoffnungen, erzählen einige Autoren des Buches, Sten Nadolny zum Beispiel oder die österreichische Schriftstellerin Bettina Balàka. Es ist eine andere Perspektive als die der Reisenden: die sozusagen professionelle, eine andere Macht der Eindrücke, eine andere Faszination.

»Dies hier ist meine Heimat«, lässt Honoré de Balzac eine seiner Figuren sagen – gemeint ist eine Kajüte, ein Schiff auf dem Ozean. Eine solche Heimat kann überall sein, auch in der weitesten Ferne. Wie das Fernweh der Reisenden wird auch die Faszination, auf den Meeren zuhause zu sein, in den Texten des Buches spürbar.

Gregor Gumpert | Ewald Tucai

Inhalts- und Quellenverzeichnis

Die mit * gekennzeichneten Titel sind von den Herausgebern gewählt.